ЗА МОИТЕ ДЕЦА

Шри Мата Амританандамайи

ЗА МОИТЕ ДЕЦА

Избрани слова на
Шри Мата Амританандамайи

Mata Amritanandamayi Center, San Ramon
Калифорния, САЩ

За моите деца

Подбор и превод от оригиналния малаялам на английски от Свами Рамакришнананда Пури.

Издателство:

Mata Amritanandamayi Center
P.O. Box 613, San Ramon, CA 94583, САЩ

——————— *For My Children (Bulgarian)* ———————

Първо издание от MA Center: април 2016
Превод от английски Мая Мичева

Уебсайт в Индия: www.amritapuri.org
Уебсайт в САЩ: www.amma.org
Уебсайт в Европа: www.amma-europe.org

Съдържание

Предговор

Истинската същност на Индия се крие в нейната култура, чиято крайна цел е Себереализацията на всеки човек – издигането на обикновения човек до нивата на Висшето съзнание. Докато Индия се обръща към Запада за материални удобства и удоволствия, Западът, разочарован от лъжовните достойнства на материализма, все по-често се обръща към непреходните философии на Изтока за напътствия и спасение. От древността до наши дни в Индия са се раждали просветени *махатми* (велики души) с цел да поведат търсещите духовно развитие хора по пътя им към Абсолютната Истина.

Затова не е учудващо, че някои търсещи изява лица слагат робата на просветени Учители, за да се възползват от жаждата на хората от Запада за духовно напътствие. Западът доста е страдал от такава заблуда и в резултат се е развила параноя спрямо „*гурус*". Обаче не трябва заради няколко самозванци да губим вяра, че существуват истински Учители. Даже да сме срещнали някои шарлатани-лечители, ние не се отказваме да търсим реномиран лекар, който да ни помогне.

Може да се запитаме: „Защо ми е необходимо духовно ръководство? Не може ли, след като прочета няколко книги, просто да си избера свой път на духовно развитие?" Човек, който иска да стане лекар, трябва да учи при ерудирани професори. Дори и след като се дипломира, студентът по медицина трябва да работи като стажант в болница под ръководството на опитни лекари. Минават много години, преди да се сбъдне мечтата му да стане лекар. Тогава какво може да се каже за човек, който се стреми да осъзнае Висшата Истина? Ако искате да постигнете духовна мъдрост, трябва да търсите истински духовен Учител, който е учил, практикувал и преживял Истината – който е станал живо въплъщение на самата Истина.

Какво отличава истинския Учител от самозванеца? В присъствието на просветления мъдрец, изцяло потопен в божественост, човек долавя ясно осезаема аура на любов и спокойствие. Вижда как мъдрецът се отнася еднакво към всички – с безгранична и изцяло безусловна любов, независимо от добродетелите или пороците на този човек, независимо от неговото обществено положение, богатство, раса или религия. С всяка дума или действие истинският Учител се стреми да ни повдигне духовно. В него няма и следа от его или егоизъм. *Махатма* приема и служи на всеки и на всички с отворени обятия.

Идеален пример за такъв Учител е Шри Мата Амританандамайи Деви, която е почитана по целия свят като въплъщение на Вселенската майка. Тази книга съдържа подбрани мисли от нейното духовно учение и отговори на много и често задавани въпроси. Думите на Амма са прости като думите на селско момиче и в същото време звучат силно и убедително като думи на някой, който говори направо от Божествен опит. Учението ѝ е универсално и приложимо в ежедневието на всеки от нас, без разлика дали целеустремено търсим духовното; просто проявяваме интерес или даже сме скептични към него.

Учението на Амма ни кара да мислим. Това не са цветисти фрази, които са като бебешка храна за ума и интелекта. Напротив, трябва да използваме интелекта и интуицията си, за да осмислим нейните думи и да проникнем в техния дълбок всеобхватен смисъл. Понякога може да ни се стори, че някоя идея в тази малка книжка е непълна или че не е докрай обяснена. Когато помолиха Амма за допълнителни пояснения, тя каза: „Нека помислят над това." С други думи, принципите, които са изложени, трябва по-скоро да се осмислят, отколкото да бъдат разяснени подробно. Ако сте решени да тръгнете по пътя на Себереализацията и искрено и смирено се посветите на изучаването и прилагането на тези слова, със сигурност ще постигнете целта. Отворете тази книга на която и да било страница и вижте дали думите на Амма не ви говорят.

Кратка справка за живота на Амма

„От самото си раждане изпитвах толкова силна любов към Божието име, че непрестанно Го повтарях с всяко свое дихание. По този начин в ума ми се вливаше постоянен поток от Божествени мисли, независимо къде се намирах и какво правех. Този жив спомен за Бога, изпълнен с любов и всеотдайност, е от огромна помощ за всеки, който се стреми да постигне Божествена реализация.“

Родена е на 27 септември 1953 година в отдалечено рибарско селище на югозападния бряг на Индия. Наречена Судхамани (Истински бисер) от родителите си, тя показва признаци на божественост от самото начало. Идва на бял свят с необичайно тъмносин цвят на кожата (подобно на Шри

Кришна – б. пр.). Проговаря на родния си език *малаялам* едва на шест месеца и на същата възраст прохожда, но без да пълзи преди това, както другите деца.

На петгодишна възраст Судхамани композира много религиозни песни, посветени на Шри Кришна – песни, изпълнени с любов и искрен копнеж за Божественото. Стиховете ѝ, макар и по детски невинно чисти, се отличават с изключителна философско-мистична дълбочина. Тя става известна в цялото село със своите песни и с прекрасния си задушевен глас. Едва деветгодишна трябва да напусне училище, защото майка ѝ се разболява от ревматизъм и повече не е в състояние да върши къщната работа. Судхамани става рано сутрин, преди изгрев слънце, и работи до единадесет часа вечерта. Грижи се за цялото семейство – готви, пере дрехите, чисти къщата и двора, не забравя и животните –

крави, кози, патици. Малкото време, което може да отдели през дългия си работен ден, Судхамани прекарва в медитация, пее прочувствени песни и отправя горещи молитви към Шри Кришна.

Не след дълго тя вече има много божествени откровения и преживява състояние на *самадхи* (единение с Бога). Към седемнадесеттодишната си възраст това състояние се задълбочава и се превръща в постоянно единение с Божественото. Тя преживява света като изява на всепроникващото Единно Начало. Самото споменаване на името на Бога потапя ума ѝ в дълбока вътрешна вглъбеност.

По това време, след едно откровение, я обзема силно желание да се слее с Божествената майка. Пренебрегвайки сън, храна и подслон, Судхамани се подлага на крайни лишения. Този напрегнат период на *тапас* (крайни лишения) достига своя връх с появата на Божествената майка пред нея като сияние от Божествена светлина, която прелива в нея. След това Судхамани не изпитва никакво желание да се среща с хора и прекарва по-голямата част от времето си в усамотение, наслаждавайки се на блаженството от Себе-реализацията.

Един ден чува глас вътре в себе си, който ѝ казва: „Дете мое, аз живея в сърцата на всички същества, аз нямам постоянен дом. Ти не си дошла на този свят само да се радваш на неподправеното блаженство на Себеосъзнаването, а да утешаваш страдащото човечество. От сега нататък Ме почитай в сърцата на всички същества като облекчаваш житейските им страдания.“

От този ден насетне Судхамани, която всички започват да наричат „Амма“ (Майка), посвещава всеки момент от живота си на благополучието на човечеството. Всеки ден хиляди хора от целия свят се стичат към нея, за да получат нейната Любов, напътствия и благословия или просто да бъдат в нейно присъствие. Амма е създала и огромна мрежа от благотворителни, духовни и образователни центрове, които включват болници за бедните, сиропиталища, покрив за бездомните, домове за стари хора, редовни пенсии за десетки хиляди жени от най-бедните слоеве, безплатна храна и помощи при бедствия. Тези практически изяви на състраданието на Амма продължават да нарастват и да се разширяват с невероятно темпо. Организацията ѝ, „М. А. Мат", е обявена за НПО (неправителствена организация) от ООН.

Амма внимателно изслушва всички, които идват при нея да споделят проблемите си. Дава им утеха, каквато само една любяща майка може да даде, и даже облекчава страданията им. Тя казва: „Различни хора идват да се срещнат с Амма, някои идват, водени от вяра, други търсят отговор на светските си проблеми или лек за болестите си. Амма никого не връща. Как би могла да върне някого? Има ли човек, различен от Амма? Не сме ли всички ние мъниста от нишката на един жизнен път? Всеки се среща с Амма според своето ниво на разбиране. И тези, които ме обичат, и тези, които ме мразят, са еднакво добре дошли при мен."

За Амма

Деца мои[1], родената ви майка може да поеме грижата за всичко, свързано с този живот. В наше време даже и това се среща рядко. Но целта на Амма е да ви насочва по такъв начин, че да имате блаженство във всичките си бъдещи животи.

Боли, когато се изкарва гнойта от раната. Но истинският лекар ще се спре ли пред това, само защото боли? По същия начин, когато вашите *васани* (вродени склонности) се отстраняват, ще изпитате някаква болка. Това е за ваше добро. Както градинарят

---

[1] Амма се обръща към всички с „Деца, мои", независимо от възрастта им, понеже като истинска Майка обича безусловно и помага на всеки, който се е обърнал към нея.

маха вредителите от младите растения, така и Амма маха отрицателните ви склонности.

Може да ви е лесно да обичате Амма, но това не стига. Постарайте се да виждате Амма във всекиго. Деца мои, не си мислете, че Амма е в пределите само на това тяло.

Деца мои, да обичате истински Амма, означава да обичате еднакво всички същества в света.

Любовта на тези, които обичат Амма, само когато Амма им показва обичта си, не е истинска обич. Само тези, които се държат за нозете[2] на Амма, въпреки че тя ги гълчи, са ѝ истински предани.

Тези, които живеят в този ашрам и се учат от всяка постъпка на Амма, ще могат да постигнат Освобождение. Ако се осмислят думите и делата на Амма, няма нужда да учите никакви свещенни текстове.

Умът трябва да се държи за нещо, но това е невъзможно без вяра. Когато се посее семето, растежът му нагоре зависи от това, дали корените са проникнали дълбоко в земята. Ако вярата ни не е дълбоко вкоренена, не е възможно да има духовно израстване.

---

[2] В много учения нозете на светеца символизират Абсолютната Истина и начина, по който може да се достигне до нея чрез смирение.

Където и да сте, е добре да произнасяте на ум вашата мантра или да медитирате. Ако това не е възможно, може да четете духовни книги. Не губете време. Дори загубата на един милион рупии не тревожи Амма толкова, колкото пропиляването на един единствен момент от живота ви. Парите могат да се възвърнат, но пропиляното време никога не може да се навакса. Деца мои, никога не забравяйте колко е ценно времето.

Деца мои, Амма не казва, че би трябвало да вярвате в Амма или в Бог на небето. Достатъчно е да вярвате в себе си. Всичко е вътре във вас.

Ако наистина обичате Амма, занимавайте се с духовни практики и познайте Себе си. Амма ви обича, без да очаква нищичко от вас в замяна. На Амма ѝ стига, ако може да види децата си да се радват на вечен мир, нехаещи кога е ден и кога нощ.

Само когато всеотдайно обичате дори и мравката, Амма ще приеме, че истински я обичате. Амма не счита никоя друга обич за истинска. Така наречената обич, породена от егоизъм, кара Амма да се чувства, като че ли нещо я изгаря отвътре.

Поведението на Амма се мени според мислите и действията ви. Божественото проявление Нарасимха (Вишну, приел формата на човеколъв – б. пр.), който с рев свирепо се хвърля срещу царя на демоните, Хиранякашипу, кротува в присъствието на Прахлада. Бог, който е чист и над всички свойства, е в различно разположение в зависимост от действията на Хиранякашипу и Прахлада. По същия начин поведението на Амма се мени в зависимост от отношението на децата ѝ. Амма, която славите като Снехамайи (въплащение на обичта), може понякога да се яви като Кроорамайи (жестоката). Прави го, за да изправи недостатъците в поведението на децата си. Единствената цел на Амма е да ви направи добри.

Духовният Учител

След като сте намерили магазин, от който можете да купувате всичко, което ви е нужно, защо да обикаляте из останалите магазини на пазара? Това би било излишна загуба на време. По същия начин, след като сте намерили идеалния Учител, няма нужда да се лутате повече; просто се занимавайте със съответните ви духовни практики и се стремете да достигнете целта.

Духовният Учител е крайно необходим за търсещия. Ако едва проходило дете отиде до брега на езерото, майка му ще му посочи опасността и ще го отведе настрани от там. По същия начин Учителят ще даде всички необходими наставления на ученика. Вниманието на Учителя винаги ще бъде приковано върху ученика.

Независимо че Бог е всепроникващ, присъствието на духовния Учител е незаменимо. Вятърът духа навсякъде, но ние се наслаждаваме на прохлада само когато сме на сянка под някое дърво. Нима ветрецът, който вее в листата на дървото не носи облекчение на тези, които са на път под изгарящото слънце? По същия начин духовният Учител е необходим на тези, които живеят в палещата горещина на земното съществуване. Присъствието на Учителя способства за вътрешния ни мир и хармония.

Деца мои, независимо колко време екскретите стоят на слънце, вонята няма да се разнесе, освен ако не са на открито и духа вятър. Аналогично може да медитирате с години, но вашите *васани* няма да се отстранят, без да сте в присъствието на духовния си Учител. Нужна е благословията на Учителя. Учителят ще излее своята благословия само в един невинен ум.

За да се издигнем в духовно отношение, е необходимо да сме готови да се оставим изцяло на духовния си Учител. Когато детето учи азбуката, учителят държи ръката му, помагайки му да очертае буквите върху пясъка. Учителят контролира движенията на детската ръчичка. Но ако детето гордо си мисли: „аз зная всичко" и отказва да слуша учителя, как тогава ще научи нещо?

Деца мои, наистина житейският опит е гуру

за всеки човек. Страданието е Учителят, който ни приближава до Бога.

Би трябвало да изпитваме *бхая бхакти* (чувство на всеотдайна почит и любов) към духовния си Учител. Същевременно трябва да сме в близки отношения с Учителя и да го чувстваме като част от нас самите. Отношенията ни би трябвало да бъдат като тези между майката и детето й. Независимо колко често майката пошляпва детето и го отстранява от себе си, детето продължава да се държи за нея. Почтителното себеотдаване ще ни помогне да се издигнем в духовно отношение, но действителна полза можем да имаме единствено от близостта с Учителя.

Деца мои, не е достатъчно само да обичате вашия духовен Учител, за да бъдат премахнати вашите *васани*. Нужни са ви всеотдайна любов и вяра, почиващи върху основните принципи на духовността. За да ги развиете, се иска да посветите на Бог тялото, ума и интелекта си. Достатъчно е да вярвате безрезервно в Учителя си и да го следвате, за да се изкоренят вашите *васани*.

Да речем, че едно семенце е посято на сянка под някое дърво. Когато започне да поника, трябва да бъде присадено; иначе няма да израсте, както трябва. По същия начин ученикът трябва да бъде с Учителя поне две или три години. След това той трябва да се занимава с духовни практики на усамотено място. Това е необходимо за духовното му издигане.

Истинският Учител се стреми единствено към духовното издигане на ученика. Несгодите и изпитанията се дават, за да напредне ученикът и да се премахнат слабостите му. Учителят може дори да обвини ученика за грешки, които не е допуснал. Само тези, които твърдо устоят на подобни изпитания, ще се издигнат.

Истинският Учител може да се познае само чрез опита и преживяването.

Пиленцето, гледано в инкубатор, не може да оцелее, без да му се осигури идеална храна и среда. Но пиленцето, гледано на двора, може да преживява с всякаква храна и при всякакви обстоятелства. Деца мои, духовните ученици, които живеят в при-съствието на Учител, са като пиленцата на двора. Те ще имат смелост да се справят с всякакви ситуации. Нищо не може да ги покори. Те винаги ще носят в себе си силата, която са придобили от близките отношения с Учителя си.

Ученикът може да проявява чувство на при-тежание към Учителя си. Това отношение не може лесно да се изостави. Ученикът може да иска да получи колкото може повече от любовта на Учителя. Когато на някои ученици им се стори, че не получават точно това, те може да оскърбят Учителя и дори да го напуснат. Ако ученикът иска да заслужи любовта на Учителя, той трябва да се научи да служи безкористно.

Божият гняв може да бъде укротен, но дори и Бог няма да прости греха, произтичащ от неуважението към духовния Учител.

Бог и духовният Учител са във всекиго. Но в началните етапи от духовната практика външният Учител е от първостепенно значение. След определен момент обаче това вече не е нужно. От тогава насетне духовният търсач ще може да схваща фундаменталните принципи във всичко и така самостоятелно да върви напред. Докато детето не осъзнае каква е целта му, то учи уроците си от страх да не му се карат учителите или родителите. Веднъж обаче разбрало каква е неговата цел, то започва да учи самичко, забравяйки за сън, филми или други неща, които му доставят удоволствие. Страхът и почитта, които е изпитвало до този момент към родителите си, не са слабост. Деца мои, когато вътре в себе си разберете каква е вашата цел, във вас спонтанно ще се събуди и аспектът на вътрешния Учител.

Дори и човек да се свърже с духовен Учител, ще го приемат за ученик, само ако той е готов да бъде ученик. Човек не може да познае Учителя си, ако няма неговото благоволение. Човекът, който искрено търси Истината, е смирен и се отличава с простота. Само към такава душа ще потече благодатта на Учителя. Тези, които са изпълнени с егото си, няма да имат никакъв реален достъп до Учителя.

Деца мои, може да кажете: „Бог и аз сме едно", но един ученик никога не може да каже: „Моят Учител и аз сме едно." Защото духовният Учител е този, който събужда божественото „Аз" вътре във вас. Това неповторимо величие ще остане завинаги. И ученикът би трябвало да се държи съобразно това.

Точно както кокошката пази новоизлюпените си пиленца под крилото си, истинският Учител поема всички грижи за тези, които живеят според неговите напътствия. Учителят ще посочва дори и глупавите им грешки и ще ги поправя на място веднага. Учителят няма да позволи ученикът да развие его дори и на йота. За да окастри нечия гордост, от време на време Учителят може да действа по привидно жесток начин.

Като гледате как ковачът удря с чука нагорещеното желязо върху наковалнята, може да си помислите, че е жесток. Горещото парче желязо също може да има усещането, че ковачът постъпва като най-жестокия звяр в света. Но при всеки удар ковачът си мисли само за новата форма, която ще се появи. Деца мои, такъв точно е истинският духовен Учител.

Бог

Мнозина питат: „Има ли Бог? Ако има Бог, къде е Той?" Попитайте ги: „Кое е първото – кокошката или яйцето?" или „Кое се е появило първо – кокосовият орех или кокосовата палма?" Кой може да даде отговор на такива въпроси? Зад кокосовия орех и кокосовата палма има жива сила, която е основата на всичко, сила, която не може да бъде описана по никакъв начин. Това е Бог. Деца мои, тази първоначална причина на всичко се нарича Бог.

Деца мои, да се отрича съществуването на Бог е също като да използвате езика си, за да кажете: „Нямам език." Както дървото се съдържа в семенцето и маслото в каймака на млякото, така и Бог пребивава във всичко.

Независимо че дървото е скрито в семенцето, за да може семенцето да поникне, то трябва да има смиреността да се зарови в почвата. Нужно е смирение. И за да се излюпи яйцето, то трябва да мине през период на инкубация. Иска се велико търпение. Маслото може да се отдели от млякото, само след като последното се остави да престои и да ферментира донякъде, за да се избие маслото. Независимо че Бог е всепроникващ, иска се извънредно усилие, за да се осъзнае Бог.

Там, където има его и егоизъм, Бог не може да се прояви. Ако, в резултат на искрените ни молитви, Бог дойде една стъпка по-близо до нас, Той ще се отдръпне от нас на хиляда стъпки заради егоизма ни. Може за нула време да скочите в кладенец, но е трудно да се изкатерите обратно горе. По същия начин Божията милост, която толкова трудно се получава, може да се изгуби за миг.

Деца мои, дори и човек да се кае през много животи, Себереализацията е невъзможна без чиста любов и копнеж към Висшето същество.

На една жена братът гледа като на сестра, съпругът – като на съпруга, а бащата – като на дъщеря. Но независимо кой как гледа на нея, тя е просто един и същ човек. По същия начин Бог е Един. Всички хора гледат на Бога по свой собствен начин, според своите разбирания.

Бог може да приеме всякаква форма. Ако направите една играчка от глина – например слон или кон – глината винаги ще си остане глина. Различни форми се съдържат скрити в глината. По същия начин, от дървото може да се изделат безброй много фигури; но ако вие видите дървото като дърво (а не фигурите от дърво – б. пр.), тогава дървото е това, което е. По същия начин Бог е всепроникващ, но се разкрива пред вас според представата ви за него.

Деца мои, също както водата се превръща в лед и отново се стопява на вода, Бог по Своя воля може да приема всякакви форми и след това да се връща отново в своята първична природа.

Водата, която тече в различни посоки, може да се събере, ако построим язовир. Може да се произвежда електричество от силата на падащата вода от този язовир. По същия начин, ако умът, който сега се скита между различни сетивни обекти, бъде трениран да се съсредоточава, човек може да съзре образа на Бог посредством силата на това съсредоточаване.

Деца мои, намерим ли веднъж убежище у Бога, няма от какво да се страхуваме. Бог ще се грижи за всичко. Има една детска игра, наречена гоненица. Едно дете гони другите и се опитва да докосне някое от тях.

Останалите бягат и се стараят гонещият да не ги стигне. Който пипне някое от определените „безопасни" дървета, гонещият няма право да го хваща. По същия начин, ако се държим за Бог, никой нищо не може да ни стори.

Когато човек гледа портрета на баща си, не мисли за художника или боите, а си спомня единствено за баща си. По същия начин човек, всецяло отдаден на Бога, вижда Бог, Вселенския отец и Вселенската майка в свети образи. Атеистите могат да кажат, че ако трябва да се прекланяме пред някого, то това е скулптора, а не пред изображението. Но те казват това, деца мои, само защото нямат никаква представа за Бог и принципите зад преклонението пред образите.

Няма смисъл да виним Бог за проблемите и несправедливостта в света. Бог ни е показал правия път и не носи отговорност за страданията, които си създаваме като не следваме този път. Няма смисъл да виним Бог. Една майка казва на детето си: „Не пипай огъня и не ходи по брега на езерото." Ако детето отказва да слуша майка си и си опари ръката или падне в езерото, защо да виним майката?

Тези, които само стоят бездейно и казват: „Бог всичко ще свърши" са ленивци. Разумът ни е даден от Бога, за да използваме силата на благоразумието си във всяка наша постъпка. Ако просто кажем, че Бог ще се грижи за всичко, за какво ни е тогава разумът?

Някой може да каже: „Ако всичко е по Божията воля, не е ли пак Бог този, който ни кара да правим грешки?" Безсмислено е да се казва такова нещо. Отговорността за всяка своя постъпка, която извършваме от егоизъм, лежи върху нас, а не върху Бога. Ако наистина вярваме, че Бог ни е накарал да извършим престъпление, би трябвало да можем да приемем и присъдата, която съдията издава, като присъда, издадена от Бог. Ще можем ли да го направим?

Деца мои, Богореализацията и Себереализацията са едно и също нещо. Широта на съзнанието, съвършено спокойствие и способността да обичаш всичко – това е Богореализация.

Дори и всички същества в света да ни обичат, тази обич не може да се сравни и с най-малката частица блаженство, което изпитваме, когато вкусим макар и за миг от Божията Любов. Толкова велико е блаженството, което получаваме от Божията Любов, деца мои, че никаква друга любов не може да се сравнява с нея.

Може ли само защото не виждате Бога, да казвате, че няма Бог? Има много хора, които никога не са виждали дядо си. Казват ли те, заради това, че баща им няма баща?

Като деца задаваме безброй въпроси. Толкова много научаваме от майка си и я слушаме. Като пораснем малко, споделяме своите проблеми с приятелите си. Като възрастни хора вече се доверяваме на съпруга или съпругата си. Това е наша самскара (вътрешна нагласа). Това трябва да го променим. Би трябвало да можем да споделяме нашите грижи и страдания с нещо далеч по-необятно. Наистина трябва да споделяме страданието си с някого – не можем да напреднем без спътник; но нека този спътник и довереник бъде Бог.

Днешният приятел може да бъде утрешния ни враг. Единственият приятел, на когото можем наистина да се доверим и у когото можем да намерим убежище, е Бог.

Печели ли Бог нещо от това, че вярваме в Него? Трябва ли му на слънцето светлината на свещта? Вярващият е този, който печели от вярата си. Когато имаме вяра и се прекланяме пред Бог в храма и гледаме как се гори камфор в дар на Бога, нима не се намираме в състояние на концентрация и мир?

Хората от различните религии имат различни обичаи и различни места за почитане на Бога, но Бог е един и същ. Независимо че млякото се нарича „пал" на малаялам и „дхуудх" на хинди, субстанцията и цветът са съвсем същите. Християните почитат Христос. Мюсюлманите наричат Бог Аллах. Формата на Кришна в Керала не е същата, както формата му в Северна Индия, където го изобразяват с тюрбан и т.н. Всеки човек разбира и почита Бога според своята култура и разбиране. Божествените въплъщения изобразяват същия Бог в различни форми според потребностите на епохата и различните предпочитания на хората.

За да се освободите от отъждествяването си с вашето тяло и да се издигнете до нивото на висшия „Аз", трябва да изпитате същото отчаяно желание за живот, което усеща човек, който е попаднал в горяща къща или който се дави и не може да плува. На търсещия, който има такъв дълбок копнеж по Бога, няма да му се наложи да чака дълго за Неговото откровение.

Деца мои, като си загубим ключа, отиваме при ключар да отвори ключалката. По същия начин, за да отворим ключалката на привличането и отблъскването, трябва да търсим ключа, който е в ръцете на Бога.

Бог е основата на всичко. Вярата ни в Бог ще накара любовта да разцъфти вътре в нас. От тази любов ще потече усещане за *дхарма*, последвано от усещане за справедливост. Тогава ще изпитаме мир и хармония. В емпатията си би трябвало да имаме такова желание да облекчим страданията на другите, с каквото бихме се заели да лекуваме изгорената си ръка. Това качество може да се развие чрез истинска вяра в Бог.

Махатми

Велики души

„Същата Душа, която пребивава във всички същества, се намира и в мен. Нищо не е различно или отделно от мен. Страданието и несгодите на другите са мои собствени страдания и несгоди." Човек, който осъзнае тези истини чрез собствен опит, е *гняни* (мъдрец).

Разликата между едно Божествено въплъщение и душата, постигнала освобождение приживе, може да се сравни с разликата между певец, който е роден музикален гений, и човек, който наскоро се е научил да пее. Първият може да научи песента само след едно чуване, докато на втория ще му трябва повече време.

Понеже всичко е част от Бога, всеки един е Божествено въплъщение. Обаче онези, които не знаят, че са част от Бога и си мислят: „Аз съм тялото. това е моята къща и моята собственост", са *дживи* (безсмъртните индивидуални души, когато са инкарнирани във физически тела).

Слизането на Бог в човешка форма се нарича *аватар* (Божествено въплъщение). Аватарът има чувство на цялостност, което другите нямат. Тъй като аватарът е едно с природата, неговият ум не е това, което обикновено наричаме ум. Всички умове са част от Ума на Божественото въплъщение. Въплъщението е Вселенския ум. Той е отвъд всички двойки противоположности, като например, чисто и нечисто, радост и мъка.

Божественото въплъщение не търпи никакви ограничения. Аватарът е като върха на айсберг в океана на *Брахман* (Абсолютното същество). Всеобхватността на Божията мощ не може да се ограничи в човешко тяло, което е 150–180 см на ръст, но Бог може, когато реши по Волята си, да работи чрез това малко тяло. Това качество на Божественото въплъщение е единствено по рода си.

Божествените въплъщения са от голяма полза за доближаването на хората до Бога. Бог приема форма единствено заради вас.

Аватарът не е тялото, въпреки че може да изглежда така.

Където и да отиде един *махатма*, хората се събират около него. Привлечени са от него, както вихрушката притегля прашинките. Дъхът на *махатма*, дори ветрецът, който докосва тялото му, облагодетелстват света.

Деца мои, Исус беше разпнат на кръста, а Кришна падна убит от стрела. Тези неща са станали само по тяхна воля. Никой не може да доближи Божественото въплъщение против неговата воля. Кришна и Исус биха могли да изпепелят тези, които са им се противопоставили, но не са го направили. Те дойдоха да покажат какво означава саможертва.

Санняси (монах или монахиня) е човек, който се е отрекъл от всичко. *Саннясите* са тези, които понасят и прощават греховете на другите и ги водят с любов по правия път. Те олицетворяват саможертвата; винаги са блажени и щастието им не зависи от външни неща. Те се наслаждават на Божественото в себе си.

Възрастният човек, който върви до малко дете и го държи за ръката, ще върви бавно и ще прави малки крачки, за да не се спъне детето и да не падне. По същия начин, за да може да повдигне обикновените хора, човек първо трябва да слезе до тяхното ниво. Духовният търсач никога не трябва да се държи като горд или надут човек и да

53

си мисли: „Аз съм *санняси*!" Той трябва да бъде пример за подражание за света.

***

През живота си Шри Кришна е играл много роли – на говедарче, цар, вестител, глава на семейството и колесничар. Никога не се е държал надменно с нагласата: „Аз съм Цар!" Кришна е учил как човек трябва да води друг човек, като бъде заедно с него според неговата *самскара* (вътрешна нагласа). Само такива велики души могат да водят света.

***

Има хора, които обличат роба в оранжев цвят и гордо заявяват: „Аз съм *санняси*!" Те са като дивото растение *колоказия*[3]: дивото

---

[3] *Колоказия* е група от многогодишни растения, наричани още „слонско ухо" поради формата на

и домашното растение си приличат на външен вид, с тази разлика, че дивото няма никакви грудки, когато се извади от земята. Оранжевото е цветът на огъня. Само тези, които са изгорили своето съзнание за тялото, са достойни да носят този цвят.

листата си. Някои видове се използват за храна – листа и грудки.

Свещени текстове

Деца мои, свещените текстове са преживяванията на древните *риши* (Просветлени мъдреци). Човек не може да ги схване с интелекта си. Могат да се осъзнаят само по пътя на личния опит.

Не е необходимо да изучим всички свещени текстове, те са необятни като океана. Би трябвало да извадим само основните принципи от тях, също както се вадят перли от морето. Човек, който дъвче захарна тръстика, гълта само сока и изплюва стъблото.

Само тези, които са се занимавали с духовна практика, могат да схванат фините аспекти в свещените текстове.

Изучаването на свещените текстове само́ по себе си не води до усъвършенстване. Само с прочитане на предписанието на шишето с лекарство човек няма да се излекува. Медикаментът трябва да се поеме. Не може да се постигне Освобождение само с изучаване на свещените текстове. Практиката е крайно необходима.

Практикуването на медитация едновременно с изучаването на свещените текстове е по-добро, отколкото само да медитирате без да си помагате с духовни познания. Ако умът на човек, който е изучавал свещените текстове, се развълнува, той няма да изпадне в депресия, а ще може да си възвърне вътрешните сили като разсъждава върху думите от свещените текстове. Те ще му помогнат да превъзмогне слабостта си. Само тези, които съчетават духовната практика с изучаване на свещените текстове, могат наистина да служат безкористно на света.

Изучаването на свещените текстове е необходимо до известна степен. Човек, изучавал селскостопански науки, лесно може да посади и отгледа кокосова палма. Ако има някакви симптоми за заболяване, той ще знае кои са подходящите лечебни средства и как да помогне на палмата.

Не можем да си утолим жаждата, като просто нарисуваме картинка с кокосов орех. За да имаме кокосови орехи, първо трябва да посадим и отгледаме фиданка на кокосова палма. По същия начин, за да преживеем всичко, съдържащо се в свещените текстове, трябва да се занимаваме с духовна практика.

Човек, който си прекарва времето само в заучаване на думите от свещените текстове, без да се занимава с никаква духовна практика, е като глупак, който се опитва да живее в начертания план на къщата.

Ако маршрутът, по който върви един пътник, му е познат, пътуването ще бъде лесно и той бързо ще стигне там, за където се е запътил. Деца мои, свещените текстове са пътните карти, които ни показват пътя към духовната ни цел.

Човек, избрал духовния път на развитие, не би трябвало да прекарва повече от три часа на ден в изучаване на свещените текстове. През останалото време би трябвало да повтаря мантри и да медитира.

Прекаленото изучаване на свещените текстове няма да ви остави възможност да медитирате. Желанието да учите хората ще бъде винаги в ума ви. Ще си мислите: „Аз съм *Брахман* (Висшето същество), така че защо да медитирам?" Дори и да се опитате да седнете да медитирате, умът няма да го позволи и ще ви застави да станете.

Деца мои, какво ще спечелите, ако пре-
карате целия си живот в изучаване на
свещените текстове? За да разберете какъв
е вкусът на захарта, не е необходимо да
изядете цял чувал. Едно близване само ще
е достатъчно.

Зрънцето в хамбара вярва, че е независимо.
То си казва: „Защо да се кланям доземи на
почвата?" То не осъзнава, че може да се
размножи и да бъде от някаква полза, само
ако излезе от хамбара и покълне. Ако ли
не, ще бъде само храна за плъховете. Хора,
които изучават свещените текстове, без да
се занимават с някаква духовна практика, са
като зрънцето в хамбара. Без да са минали
през духовна практика, как ще могат да
използват правилно това знание? Тези хора
са като папагали: те знаят само да повтарят
„Аз съм Брахман! Аз съм Брахман!"

Гняна, Бхакти и Карма йога

Пътищата на Знание, Любов и Действие

Един може да обича плодовете на *джакфрут*[4] сурови, друг може да ги иска варени, а трети може да ги предпочита пържени. Но въпреки че вкусовете на тези хора се различават, плодовете се ядат с цел да се задоволи гладът. По същия начин всеки поема по различен път да познае Бога. Деца мои, какъвто и път да изберете за вашето пътуване, целта е една и съща: Богореализация.

---

[4] *Джакфрут* е вид дърво, което вирее в част от Южна и Югозападна Азия. Неговият плод достига дължина 150 см и расте в основата на самото дърво. В Южна Индия *джакфрутът* е популярна храна, подобно на мангото и банана.

Всеотдайната преданост и любов без правилно разбиране на същността на духовността може да доведе само до привързаност; не може да ви донесе Освобождение. Пълзящият жасмин не расте нагоре; той пуска клонки настрани като се вкопчва в други дървета.

Знание без всеотдайна преданност и любов е като да се ядат камъни.

Всеотдайна преданност и любов, залегнала в основите на духовността означава да се намери убежище в единния, проявяващ се във всичко Бог, обичайки Го безкористно и без всякаква мисъл за съществуването на много и различни богове. Държейки с ясната цел в ума си, ние трябва да се движим напред. Ако искате да вървите на изток, е безсмислено да пътувате на запад.

движим напред. Ако искате да вървите на изток, е безсмислено да пътувате на запад.

Деца мои, целта на живота е Себереализацията. Стремете се към това! Лекарството се слага на раната, едва когато тя е почистена от мръсотията. Ако остане мръсотията, раната няма да зарасне и може да се инфектира. Подобно, само след измиване на егото с водата на всеотдайната преданост и любов, може да се предаде висшето познание. Едва след това идва духовното израстване.

Ако маслото се разтопи, няма да граняса. Ако откаже да се разтопи, казвайки с гордост: „Аз съм масло!" с времето ще се вмирише. Деца мои, само чрез всеотайна преданност и любов можем да разтопим егото си и другите нечистотии.

Някои питат защо Амма отдава такова значение на *Бхакти йога* (пътят на всеотдайна преданост и любов). Деца мои, дори Шанкарачаря, който създава монистичната философия *Адвайта*, накрая написва *Саундаря Лахари* (стихове, посветени на Божествената Майка – б. пр.). Мъдрецът Вяса, който композира *Брахма Сутра*, изпитал удовлетворение едва след написването на *Шримад Бхагаватам*, където се прославя животът на Шри Кришна. Осъзнавайки, че на обикновените хора не им е от голяма полза, когато им да се говори за Адвайта и за философията на *Брахма Сутра*, Шанкарачаря и Вяса написват своите, изпълнени с любов, творби. Един или двама души на хиляда може да успеят да достигнат целта чрез *Гняна йога* (пътят на знанието и мъдростта). Как може Амма да отхвърли всички други, търсещи духовно развитие? За тях само *Бхакти йога* ще бъде от полза.

Ако следваме пътя на всеотдайната преданост и любов може да се радваме на плодовете на блаженството от самото начало; докато по други пътища, плодовете се вкусват едва към края. Този път е като дървото *джакфрут*, което дава плод в самата си основа. При другите дървета може да ти се наложи да се покатериш до върха, за да откъснеш плода.

Първоначално ни трябва *бхая бхакти* (всеотдайната преданост и любов с елемент на страхопочитание и благоговение) към Бога.

На по-късен етап това не е необходимо. Когато се стигне до състояние на върховна Любов, елементът на страхопочитание и благоговение изчезва.

Всички казват, че е достатъчно да извършваш действия. Но трябват знания, за да се извършват правилните действия. Действие без знание не е правилно действие.

Действията, които извършвате с голямо внимание и концентрация, ще ви изведат до Бога. Бъдете много внимателни и бдителни, защото само така може да развиете концентрация на ума. Често пъти, едва след като направим нещо, си даваме сметка, че сме могли да проявим по-голямо внимание. След като излезе от изпитната зала, студентът си мисли: „О, не! Трябваше по друг начин да отговоря!“ Каква е ползата да се тюхкаме впоследствие?

Деца мои, всяко действие трябва да вършите с много внимание и бдителност. Действията, които извършвате без тези качества, са безполезни. Духовният ученик може да си спомни с подробности задачите, които е изпълнявал преди години, заради върховното внимание, с което ги е вършил. Дори и когато се занимаваме с привидно банални работи, трябва да ги вършим с голямо внимание.

Иглата може да изглежда незначителна, но ако трябва да работите с игла, вие ще бъдете много внимателни, иначе няма да може да я вденете. Ако за момент се разсеете, докато шиете, може да си убодете пръста. И никога не бихте хвърлили нехайно игла на земята, защото някой може да я настъпи и да си убоде крака, което ще му причини страдания. Духовният ученик трябва да върши каквато и да е работа със същото внимание.

Не бива да говорим, докато работим. Ако говорим, няма да можем да се съсредоточим, а да работим без съсредоточеност и внимание, е безсмислено. Каквато и работа да вършим, не бива да забравяме да си повтаряме мантрата. Ако работата е такава, че не е възможно да го правим, тогава трябва да се помолим преди да започнем работата: „О, Боже, аз върша Твоята работа. Дай ми сили и възможности да я свърша както трябва. Аз я върша чрез Твоята сила."

Малцина са тези, които са наследили от предишни свои животи вътрешното предразположение и способност да вървят по пътя на *Гняна йога* (пътят на висше познание и мъдрост). Обаче тези, които имат истински духовен Учител, могат да тръгнат по който и да е път.

На първо място е нужна външна бдителност и будно съзнание. Ако не, няма да сте в състояние да победите вътрешната си природа.

Човек, който постоянно мисли за Бога, докато върши каквато и да било работа е истински *карма йогин* и истински ученик.

70

Такива хора виждат Бог във всичко, което вършат. Умовете им не са в работата, а са насочени към Бога.

Пранаяма

Дихателна йога практика

Пранаяма би трябвало да се практикува с голяма предпазливост. Когато прави такива упражнения, духовният ученик трябва да е седнал, с изправен гръб. Обикновените болести може да се лекуват и да се излекуват, но не и смущенията в резултат от неправилно изпълнение на *пранаяма*.

Когато се практикува *пранаяма*, възниква известно движение на червата в долната област на корема. Всяко упражнение *пранаяма*, трябва да се прави за определено време. Ако не се спазват тези правила, храносмилателната система безвъзвратно ще се повреди и храната ще преминава през нея без да се смила. Затова *пранаяма* трябва

да се практикува само под прякото ръководство на адепт, някой, който знае точно
какво е нужно да се прави на всеки етап от
духовния напредък на даден човек, който
може да даде необходимите наставления, а
също и съответните билкови лекарства, ако
трябва. Практикуването на *пранаяма*, като
се следват само насоките в книгите, може
да бъде опасно. Никой никога не бива да
го прави.

Деца мои, броят *пранаями*, които трябва да
се изпълняват, е строго определен за всеки
етап. Ако не се спазват буквално тези изисквания, упражненията могат да бъдат опасни.
Ефектът ще е все едно човек да се опитва
да напъха съдържанието на 10-килограмов
чувал в 5-килограмов.

Кумбхака е задържането на дъха, което става, когато постигнете истинска концентрация. Може да се каже, че дъхът е мисъл. Така че ритъмът на дишането ще се променя според концентрацията на ума.

Дори и без да се прави *пранаяма*, може да се постигне *кумбхака* посредством всеотдайна преданост и любов. Достатъчно е да повтаряте непрекъснато мантрата.

Медитация

Истинско образование или познание се иска, за да може човек да накара ума си да се съсредоточи.

Може да медитирате като фокусирате вниманието си в центъра на сърцето или между веждите. Ако не можете да седите удобно в една конкретна поза, може да медитирате, като приковете вниманието си в сърцето. Медитацията с концентрация в междувеждието следва да се практикува само в присъствието на Учител, защото докато практикувате този вид медитация, главата ви може да „загрее" и да ви заболи или да почувствате замайване. Може да се яви и безсъние. Учителят знае какво трябва да се направи, ако това се случи.

Медитацията помага умът да се освободи от безпокойството и напрежението. Не е нужно да вярвате в Бога, за да медитирате. Може да съсредоточите ума си върху коя да е част от тялото си или коя да е точка. Може също да си представите, че се вливате с безкрайността, също както реката се влива в океана.

Щастието не идва от външни обекти, а от сливането на ума с Абсолютното. Чрез медитация може да се постигне не само блаженство, но и дълголетие, жизненост, здраве, чар, сила и разум. Но медитацията трябва да се практикува правилно в усамотение, с грижа и внимание.

Възможно е да се постигне истинска концентрация и ментална чистота, като се медитира върху една от формите на Бога. Без дори да го съзнаваме, *саттвичните*[5] качества на нашето любимо Божество[6] ще

---

[5] *Саттва* е принципа на яснота и доброта – един от трите принципа в природата. *Саттвичните* качества са обяснени в *Бхагавагита* както следва: хармоничност, спокойствие на ума, рафинирано съзнание, способност да се контролират емоциите, като се избягва тяхното грубо проявяване, преобладаване на ненатрапваща се и носеща радост обич, липса на егоцентризъм и насилие.

[6] В хиндуизма се почитат много и различни богове и богини. в действителиост обаче се признава само едно върховно Същество, което е незримо и без форма. всички други Божества са само форми и проявления на този единствен Бог. Чрез тези многобройни аспекти на Абсолютната Истина се улеснява индивидуалния стремеж на човека към Себереализацията.

се развият у нас. Където и да ви попадне погледът, представяйте си, че там виждате формата на вашето любимо Божество.

***

Ако предпочитате да медитирате върху пламък, няма проблем. Седнете в тъмна стая и гледайте продължително пламъка на запалена свещ или някакъв друг малък пламък. Пламъкът трябва да е спокоен. Върху този пламък може да медитирате, като си представяте, че го виждате в сърцето си или между веждите. След като сте гледали съсредоточено пламъка известно време, като затворите очи, ще видите светлина. Може да се съсредоточите също и върху тази светлина. Може да медитирате и като си представяте, че вашето любимо Божество стои в пламъка. Но още по-добре е да го визуализирате в жертвен огън, защото тогава може да си представите, че отдавате на вашето любимо Божество своето его, гняв, ревност – всички ваши отрицателни качества, които да изгорят в този жертвен огън.

Не спирайте вашата медитация само защото формата не е ясна в ума ви. Може вътрешно да си представите всяка част от вашето любимо Божество, движейки се от главата към краката. Предложете Му ритуално измиване. Украсете Го с роби и украшения. Хранете Го със собствените си ръце. Чрез тези зрителни представи формата на вашето любимо Божество няма да избледнее в ума ви.

Деца мои, да накараш ума си да медитира, е като да се опитваш да потопиш парче дърво във вода; ако поразхлабите натиска на ръката, с която го държите, дървото веднага ще изплува на повърхността. Ако не сте способни да медитирате, повтаряйте мантрата си. Повтарянето на мантрата или името на Божеството ще помогне на ума ви да стане годен за медитация.

***

Като начало е необходимо да медитирате върху форма. Така съсредоточаваме ума си върху любимото ни Божество. Независимо по какъв начин медитирате или върху какво, е важно да сте концентрирани. Каква е ползата да пращате писмо, на което сте залепили марка, ако не сте написали верния адрес върху плика? Ето на това прилича повтарянето на мантра или медитирането без концентрация.

Точно когато се опитаме да елиминираме отрицателните мисли, те започват да ни създават проблеми. Когато преди това сме им се отдавали, това не ни е безпокояло. Но щом променим отношението си към тях, ние на часа ставаме осъзнати за негативното. Отрицателните мисли винаги са били там; просто не сме ги забелязвали. Когато се появят по време на медитация, трябва да разсъждаваме по следния начин: „Ум, какъв е смисълът да се спираш на тези мисли? Нима твоята цел е да мислиш за тях?" Трябва да използваме своята способност за различаване по този начин. Необходимо е да се развие пълна безпристрастност към светските мисли и предмети. Да се култивира непривързаност, за да може да израсте любовта ни към Бога.

Деца мои, ако ви се доспи по време на медитация, станете – много внимавайте да не станете роб на сънливостта. Станете и се разходете, като казвате мантрата си. Тогава *тамас* (летаргията) ще отмине. В началните етапи на медитацията ще излязат наяве всичките ви *тамастични* качества. Ако сте бдители, след време те ще изчезнат. Когато ви се доспи, започнете да мантрувате като ползвате *мала* (броеница). Дръжте броеницата близо до гърдите си и повтаряйте мантрата си с концентрация, без да бързате. Докато медитирате, не се облягайте на нищо и не си мърдайте краката.

Независимо къде сте и дали сте прави, или седнали, гърбът ви винаги трябва да е

изправен. Не медитирайте с наведен гръб-
нак. Умът е като крадец, постоянно дебне за
възможност да ви отвлече. Ако се облегнете
на нещо, може, без да се усетите, да заспите.

Най-малко три години са ви нужни, за да
постигнете правилната вътрешна форма на
медитацията. Първоначално би трябвало да
се опитате да се концентрирате, гледайки
изображение на вашето любимо Божество.
След като прекарате десет минути, гледай-
ки формата на избрания обект, може да
продължите да медитирате със затворени
очи за още десет минути. Ако продължите
да практикувате по този начин, с времето
образът ще става все по-ясен.

Ако образът избледнее в ума ви по време на

медитацията, опитайте се пак да го визуализирате. Може също да си представите как навивате и развивате броеницата за *джапа* около вашето любимо Божество от главата към краката и след това от краката към главата. Това ще ви помогне да съсредоточите ума си върху формата.

Да говорите непосредствено след медитация, е все едно да изхарчите всичките си пари, изкарани с пот на челото, за дрънкулки. Ще пропилеете всичко, което сте придобили от медитацията.

Нощем атмосферата е спокойна, защото по това време птиците, животните и светските хора са потънали в сън. Ето защо нощем има по-малко вълни със светски мисли в атмосферата. Цветята разцъфват в тези късни часове. По това време атмосферата има неповторим стимулиращ ефект. Ако тогава медитирате, умът ви лесно ще стане еднопосочен и ще потъне в медитация за дълго време. Нощта е времето, когато йогите будуват.

Когато медитираме върху форма, на практика медитираме върху своето истинско Аз. По пладне, когато слънцето е точно над нас, няма сянка. Медитирането върху форма е подобно на това; но когато достигнем до определен етап, формата на нашата медитация ще отпадне и ние ще се слеем с Онова. След като достигнем етапа на съвършенството, вече няма сянка, няма двойственост, няма илюзия.

Мантрата

Ако мантрите нямаха сила, тогава и думите нямаше да имат никаква сила. Ако на някого сърдито му кажат: „Махай се!", ефектът ще бъде напълно различен, отколкото ако му кажат учтиво: „Излез, ако обичаш!" Не произвеждат ли тези думи различни реакции в този, за когото се отнасят?

Казваме мантри, за да пречистим ума си, а не за да се харесаме на Бога. Каква полза има Бог от мантрата?

Не затруднявайте разума, като размишлявате върху смисъла на мантрата си; достатъчно е просто да я казвате. Може да сте дошли в ашрама с автобус, кола, лодка или влак, но след като пристигнете, губите ли време да мислите за превозното средство? Всичко, което се иска, е да сте наясно с целта.

Има различни видове *дикша* (посвещаване): *дикша* с погледа, докосването или мисълта на един *махатма*, или с мантра. Посвещаването с мантра трябва да се получава от *сатгуру* (реализиран Учител). Ако учителят е измамник, резултатът ще бъде също както то да пречиствате вода с мръсен филтър; водата ще стане още по-нечиста.

Деца мои, дори и след като сте се качили на автобуса и сте си купили билет, не бива да сте нехайни. Билетът трябва да се съхранява на безопасно място. Ако не можете да си покажете билета като дойде контрольорът, той ще ви изхвърли от автобуса. По същия начин не си мислете, че като ви е дадена мантра, работата ви свършва до тук. Мантрата ще ви отведе до целта само ако я ползвате правилно.

Деца мои, трудно се кара лодка по вода, покрита с водни лилии. Лодката ще се движи много лесно, ако първо се махнат водните лилии. По същия начин ще ви бъде по-лесно да медитирате, ако с казването на мантрата премахнете нечистотиите от ума си.

Важно е да казвате мантрата с будно съзнание. Опитайте се да избягате от всички други мисли, докато повтаряте мантрата си. Постарайте се да фиксирате ума си или върху формата на вашата медитация, или върху буквите на мантрата.

Деца мои, винаги си казвайте мантрата. Умът трябва да се тренира да повтаря мантрата непрестанно, така че, независимо какво правите, мантрата да се казва. Паякът си плете паяжината, където и да отиде. Така и вие, каквото и да правите, би трябвало на ум да продължавате да правите *джапа*.

Колкото и много да храним и да галим котката, в момента, когато я изпуснем от око, тя ще задигне храна. Такъв е и умът. Опитайте се да укротите и концентрирате ума си като постоянно повтаряте мантрата. Докато ходите, седите или работите, мантрата трябва да продължава така, както се излива масло от един съд в друг.

В началния етап на духовната ви практика освен съзерцанието върху форма, е необходимо и повтарянето на мантра. Не се тревожете, ако формата не е ясна в ума ви; достатъчно е да продължавате да казвате мантрата в това време. Като напреднете, умът ви в крайна сметка ще се фиксира върху формата и необходимостта от повтаряне на мантра ще отпадне с времето.

Деца мои, не е необходимо да казвате всичките различни *Сахасранами* (*Сахасранама* е набор от имена, които описват различните аспекти на Божественото). Едно от тях е достатъчно. Всяка *Сахасранама* съдържа всичко.

Деца мои, повтаряйте си мантрата винаги, когато умът ви е неспокоен. Иначе безпокойството ви само ще расте. Когато умът не е спокоен, той прибягва до външни предмети, а когато това не даде резултат, ще се обърне към нещо друго. Външните предмети не могат да ви донесат спокойствие. Само със съсредоточаване върху Бога и с повтаряне на мантрата, ще се възстанови спокойствието на ума. Четенето на духовна литература също е полезно.

Децата се учат да броят на сметалото. По този начин могат бързо да се научат. Така, когато започвате да се учите да контролирате ума си, е добре да използвате *мала* за мантрата. На по-късен етап вече няма да имате нужда от *мала*. Ако редовно повтаряте мантрата, тя ще стане част от вас. Дори и на сън ще продължавате да я повтаряте, без да го съзнавате.

Независимо колко много медитираме или повтаряме мантрата, ако не обичаме Бога, духовната ни практика няма да даде плодове. Няма значение колко упорито гребем срещу течението, лодката ще помръдне само на сантиметър напред; но ако вдигнем платна, тя ще набере скорост. Любовта към Бога е като платното на лодката, което ни помага да се движим бързо към целта. Това ще ни помогне да стигнем много лесно до целта.

Бхаджан

Религиозно песнопеене

В тази *Кали Юга* (тъмната епоха) е много ценно да си повтаряте мантра и да пеете религиозни песни. Същите пари, които са спечелени от продажбата на хиляда хектара земя едно време, днес може да се спечелят от продажбата само на един хектар. Това е знак на *Кали Юга*. Да сте способни да се концентрирате дори само за пет минути, деца мои, това със сигурност е голяма предобивка.

По здрач, когато се срещат денят и нощта, атмосферата е пълна с нечисти вибрации. За търсещите духовността това е най-доброто време за медитация, понеже по това време може да се постигне добро съсредоточаване. Ако не се занимавате с духовна практика по залез слънце, във вас ще се появят много светски мисли. Затова се казва, че по здрач би трябвало да се пеят религиозни песни на висок глас. Пеенето ще пречисти както певеца, така и атмосферата.

Понеже атмосферата на *Кали Юга* е изпълнена със звуци, религиозните песни са по-ефективни за съсредоточаване на ума, отколкото медитацията. Медитацията изисква тишина. По тази причина *бхаджан* пеенето има по-голям ефект. Като пеем на висок глас, заглушаваме другите звуци, които отвличат вниманието ни, и така постигаме концентрация. Концентрацията предшества медитацията. Редът е следния: *бхаджан* пеене, концентрация и след това медитация. Деца мои, да медитираш, значи постоянно да помниш Бог.

Да се пеят религиозни песни без концентрация, е да се пилее енергия на вятъра. Но ако те се пеят, когато умът е целенасочен, това ще донесе полза на певеца, на слушателите и на природата. С времето тези песни ще помогнат да се събуди умът на слушателя.

Обети и други
духовни ритуали

Деца мои, също както брегът спира вълните на морето, спазването на обетите по духовния път контролира вълните на ума.

В определени дни, като *екадаши* (единадесетия ден от двуседмичната фаза на луната – б. пр.) и дните на пълнолуние, има повече отрицателни вибрации в атмосферата. В такива периоди е добре да се спазва обетът за мълчание и да се ядат само плодове. Понеже плодовете имат кора, те почти не се влияят от атмосферното замърсяване. През тези дни особено е важно да се занимавате с духовна практика. Тогава би трябвало да се постараете да постигнете подобра съсредоточеност, независимо дали мислите са духовни, или светски.

Добре е търсещият духовно развитие да си прочиства стомаха поне два пъти в месеца. Натрупаните в червата отлагания водят до възбуда на ума и го настройват отрицателно. Прочиствайки стомаха, прочистваме и ума.

Веднъж седмично поемете обет за мълчание и яжте само плодове. Отделете този ден за медитация и повтаряне на мантрата си. Това ще е от полза за тялото ви, за ума и за духовната ви практика.

Полезно е ученикът, който редовно се занимава с духовна практика, от време на време да пости. Това ще направи ума и тялото пригодни за медитация. Обаче тези, които се занимават с изморителен труд, както и с медитация, не бива да правят пълен пост. Трябва да ядат колкото им е нужно. Плодовете са много добри за тази цел.

Търсещите духовно развитие трябва внимателно да подбират всяка дума, която произнасят. Те трябва да говорят с по-нисък глас, така че слушателите им да могат да ги чуват, само ако умът и сетивата им са много изострени.

Деца мои, човек, който е болен, трябва да се съобразява с определени ограничения, за да се възстанови. Духовният ученик също трябва да спазва определени ограничения, докато стигне до целта, например, да говори колкото се може по-малко, да даде обет за мълчание и да контролира храненето.

Спазването на обети не е знак на слабост. Само дъски, които са огънати, стават за построяването на лодка, а за тази цел те трябва да се нагреят. По същия начин, като спазваме духовна дисциплина, привеждаме ума под контрол. А без да укротим ума, не можем да контролираме тялото.

Търпение и самодисциплина

Деца мои, духовният живот е възможен само за човек, който има търпение.

***

Духовното израстване не може да се измерва само с наблюдаване на нечии външни постъпки. Духовният напредък на човек може да се разбере до известна степен по реакциите му в неблагоприятни ситуации.

***

Как може човек, който се ядосва на дреболии, да предвожда света? Само човек с търпение може да води другите. Егото трябва да бъде напълно унищожено. Независимо колко души сядат на един стол, той не се оплаква. По същия начин, независимо колко много хора ни се ядосват, ние трябва да имаме силата да издържаме и да прощаваме. В противен случай занимаването с духовна практика се обезмисля.

Ако се ядосате, голяма част от силата, която сте придобили от духовната практика, ще се изгуби. Докато превозното средство върви плавно, не се губи много енергия, но ако постоянно спира и тръгва, ще се изразходва много повече гориво. Така и гневът изцежда енергията от всяка пора на тялото ви.

Макар и да не можем да видим, че горивото намалява, когато една запалка е ползвана определен брой пъти, то ще свърши. Това се знае, но не се вижда ясно. По същия начин енергията, която сме придобили чрез добрите мисли, може да се изгуби по много начини. Например, когато се ядосаме, ще изгубим това, което сме спечелили от духовната си практика. Когато говорим, енергията ни изтича през устата, но гневът също води до загуба на енергия чрез очите и ушите и чрез всяка пора на тялото.

За духовния ученик е важно да спазва строг график. Казвайте мантрата си и медитирайте по едно и също време всеки ден и с една и съща продължителност. Нека ви стане навик да се занимавате с духовна практика в точно определен час. Този навик ще ви води напред.

Тези, които са свикнали да пият чай по едно и също време всеки ден, чувстват нуждата да го правят именно тогава, иначе ще станат неспокойни и ще хукнат да си търсят чай. Тези, които имат редовен график за духовна практика, ще го спазват автоматично в определеното за целта време.

Смирение

При циклон се изкореняват големи дървета и се срутват сгради. Но независимо колко силен е циклонът, той не може да навреди на ниските стръкове трева. Това е величието на смирението, деца мои.

Смирението не е знак на слабост. Би трябвало да имаме великодушието да се поклоним даже на тревата. Ако стигнете до река и не желаете да се поклоните на водата (тоест да се наведете под нивото на водата) и да се измиете, тялото ви ще остане мръсно. Като отказва да бъде смирен пред другите, духовният ученик не позволява да се унищожи невежеството му.

Човешките същества имат арогантността да твърдят, че само с едно натискане на копчето могат да сринат света до основи. Но нечия ръка трябва да се мръдне, за да натисне копчето. Не се замисляме за Силата, която стои зад това движение.

Човечеството твърди, че е покорило света. Ние не можем дори да преброим песъчинките под краката си, и при все това тези дребосъчета твърдят, че са покорили света!

Да предположим, че някой ви се ядоса без никаква причина. Като духовен ученик би трябвало да му отвърнете със смиреност, осъзнавайки, че това, което се случва, е пиеса, режисирана от Бог, с цел да ви подложи на проверка. Само ако успеете да се справите, може да се каже, че сте извлекли полза от медитацията.

Дори когато някой сече дърво, дървото му прави сянка. Ето такъв би трябвало да е духовният човек. Само този, който се моли за благоденствието на другите, дори и за тези, които го карат да страда, може наистина да бъде наречен духовен човек.

Егоизъм и Желание

Егото произлиза от желанието и себелю-
бието. То не се появява по естествен път,
а се създава.

Да речем, отивате да си вземете парите,
които някой друг ви дължи. Очаквате да
получите двеста рупии, но ви дават само
петдесет. Това толкова ви ядосва, че се нах-
върляте на другия и започвате да го биете.
След това ви закарват в съда. Гневът ви не
е ли в резултат от това, че не са ви дали,
колкото сте очаквали? Като си получите
наказанието, какъв е смисълът да вините
Бог? Ядосваме се заради нашите очаквания
и страдаме поради желанията си. Това е
резултата от преследването на желанията.

Ветрецът на Божията милост не може да ни повдигне, докато носим товара на егото и желанията си. Товарът трябва да се намали.

Много цветове има на дървото, на което са окапали всичките листа; докато по другите дървета цвят има само тук-там. Деца мои, когато напълно се освободим от отрицателните си склонности, като себелюбието, егоизма и ревността, ще достигнем до Божието откровение.

У духовния ученик не бива да има и най-малка следа от егоизъм. Егоизмът е като червей, който изпива нектара от цветята. Ако остане и един червей, той ще зарази и плодовете на дървото и тогава те няма да са добри за ядене – ще станат неизползваеми. По същия начин, ако позволите на егоизма си да расте, той ще разяде всичките ви хубави качества.

Има голяма разлика между желанията на тези, които търсят духовно развитие, и желанията на светските хора. Желанията на светските хора ще ги заливат като вълни, едно след друго, и ще ги безпокоят. Техните желания нямат край. Но търсещият духовно израстване има само едно желание и след като то се изпълни, няма други.

Дори „себелюбието“ на духовния човек облагодетелства света. В едно село имало две деца. И двете получили семена от мина-

ващ *санняси*. Първото дете изпекло семената
и ги изяло. Така заситило глада си. То било
светски човек. Второто дете посяло семе-
ната в земята и в резултат се родило много
зърно, което то раздало на гладните хора.
Макар че и двете деца в началото проявили
егоизъм и приели, каквото им се дало, от
отношението на второто дете спечелили
много хора.

Има само едно Себе (*Атман* – б. пр.). То
е всепроникващо. Когато умът ни стане
всеобхватен, можем да се слеем с Него.
Тогава себелюбието и егоизмът ни ще са
изчезнали завинаги. За тези, които са в
това състояние на висше съзнание, всичко
е едно и също.

Деца мои, без да губите и един единствен
момент, служете на другите и помагайте на

бедните. Служете на света самоотвержено, без да очаквате нещо в замяна.

Малкият егоизъм може да премахне големия. Малката бележка с надпис: „Тук не се лепят обяви" ще държи останалата част от стената чиста. Ето какво е да си егоист в името на Бог.

За храненето

Без да се откаже от вкусовите предпочитания на езика, човек не може да се радва на вкусовите предпочитания на сърцето.

Не може да се каже: „Тази храна трябва да се яде, а онази не трябва да се яде." Ефектът от храната ще бъде различен при различни климатични условия. Храните, които се избягват тук (в Южна Индия), може да са добри за вас в Хималаите.

Когато седнете на масата, трябва да се помолите на Бог, преди да започнете да се храните. Затова се казва мантра преди ядене. Подходящ момент да изпитате търпението си е, когато пред вас има храна.

Аскетът няма нужда да се скита да търси храна. Паякът си изплита паяжината и после си стои там. Той никъде не ходи на лов за храна, защото плячката се оплита сама в мрежата му. По същия начин храната ще дойде до аскета. Но за да се случи наистина така, той трябва да е всецяло отдаден на Бога.

Диетата оказва огромно влияние върху характера. Престоялите храни например ще увеличат нашия *тамас* (летаргия).

В началния етап на духовната си практика духовният търсач трябва да упражнява контрол спрямо храната си. В противен случай ще се стигне до лоши тенденции. Когато се посее семенцето, трябва да се пази да не го изкълват птиците. По-късно, когато от него израсне дърво, всяка птичка може да кацне на него и да си направи гнездо. В началото диетата ви трябва да бъде под строг контрол и вие редовно трябва да се занимавате с духовна практика. На по-късен етап може да се яде люто, кисело и не-вегетарианска храна и това няма да ви навреди. Но въпреки че Амма ви казва, че на по-късен етап може да ядете всякаква храна, дори и тогава не яжте тези храни. Трябва така да живеете, че да сте пример за света, така че другите да могат да се учат, като ви гледат. Дори и ние самите да не сме болни, би трябвало да се въздържаме да ядем люто и кисело пред човек, който е болен от жълтеница. Трябва да се самоконтролираме, за да можем да помогнем на другите да станат по-добри.

Казват, че е лесно да спреш да пиеш чай или да оставиш цигарите, въпреки това обаче много хора не могат да го направят. Как е възможно хората да контролират ума си, ако не могат да контролират такива обикновени неща? Първо трябва да се превъзмогнат обикновените препятствия. Ако не можеш да прегазиш малка река, как въобще ще можеш да прекосиш океана?

В началото духовният ученик не би трябвало да яде нищо, купено от магазина (ресторанта). Като добавя всяка отделна съставка, търговецът ще си мисли само как да изкара по-голяма печалба. Като правят чай, продавачите мислят: „Трябва ли наистина да слагам толкова много мляко? Май и захарта може да се намали." Те винаги ще търсят начин да намалят количеството, за да си увеличат печалбата. Вибрациите на тези мисли ще окажат влияние върху духовния търсач.

Имало един *санняси*, който нямал навика да чете вестници. При все това един ден, след като се хранил в нечий чужд дом, у него се появило горещо желание да прочете вестника. От този ден насетне започнал да мисли за вестници и новини. След като поразпитал, установил, че готвачът в дома, където се хранил, четял вестници, докато приготвял храната. Вниманието на готвача не било в готвенето, а във вестника и тези мисловни вълни са повлияли и на *санняси*.

Никога не преяждайте. Половината ви стомах трябва да е за храна, четвърт за вода, а останалата част за движението на въздуха. Колкото по-малко храна ядете, толкова повече духовен контрол ще имате. Не заспивайте и не медитирайте непосредствено след ядене; в противен случай няма да можете да смелите храната правилно.

След като развиете любов към Бога, вие ще сте като човек, който страда от треска. Ако имате силна треска, храната ще изгуби вкуса си за вас. Дори сладките храни ще ви се струват горчиви. Същото става, когато обикнете Бог; вашият апетит съвсем естествено намалява.

Брахмачаря[7]

Живот на безбрачие и въздържание

Лютото и киселото са вредни за *брахмача-ря*. Не бива да се яде и прекалено солено. Захарта в малки количества не вреди. Не е добре да се яде кисело мляко вечер, а прясното мляко трябва да се пие с мярка. Млякото за пиене трябва да се разрежда със същото количество вода и после да се преварява. Трябва също да се избягва и прекалено мазно, защото иначе ще се увеличи количеството на мазнини в тялото, което ще доведе до увеличаване на спермата.

---

[7] Стадий на ученичество според традиционното разбиране в хинду философията, период на въздържание от сексуален живот и стриктен контрол върху сетивата.

Не бива да се яде често много вкусна храна. Ако нараства желанието за вкусна храна, ще се увеличават и изкушенията на тялото. По-добре е да не се яде преди обяд, а вечер да се поема само малко количество.

Не бива да се страхувате, ако изпуснете сперма по време на сън. Не сте ли виждали как се гори кравешки тор и как се разрежда с вода след това, за да се направи свещена пепел? В съда се слага фитил от плат, като единият му край виси навън. Излишната вода изтича тогава по фитила, но съществено то не се губи. Едва след като се изхвърли излишната вода, свещената пепел се утаява и е готова.

Обаче трябва да се полагат специални грижи изпускането да не става, докато човек сънува.

Деца мои, когато усетите, че ще има изпускане, веднага трябва да станете и да медитирате или да повтаряте мантрата си. Независимо дали стане така, или не, на следващия ден трябва да изпълните духовната си практика и да постите цял ден. За *брахмачаря* е добре да се къпете в река или в морето.

През някои месеци и в определени дни атмосферата става много нечиста. През тези периоди, независимо от положените грижи, може да се случи изпускане. От средата на юли до средата на август е такъв период.

Поради топлината, в резултат от концентрацията на ума, силата на *брахмачаря* се трансформира в *оджас* (сублимирана жизнена енергия). Ако светски човек спазва въздържание от полов живот, той трябва също да се занимава с духовна практика, иначе енергията от *брахмачаря* няма да се трансформира в *оджас*.

Духовният търсач и духовната практика

Деца мои, в отношението ни към всичко в Творението не би трябвало да има никакви очаквания. Това е целта на духовната практика.

***

Няма пряк път, който да води към постигане на Божието откровение. Макар че захарният бонбон е сладък, никой не го гълта наведнъж; ако човек го глътне, ще му остърже гърлото. Трябва бавно да се разтопи и едва тогава да се глътне. По същия начин човек трябва редовно и търпеливо да се занимава с духовна практика.

***

Няма голяма полза от медитацията или мантруването, без да изпитвате любов към Бога. От друга страна, тези, които мислят, че ще започнат да се занимават с духовна практика чак след като у тях се развие любов към Бога, са мързеливци. Те са като някой, който чака вълните в океана да утихнат, преди да влязат във водата.

Чрез духовна практика придобиваме *шакти* (енергия) и тялото се освобождава от болестите. Също така ще ни с възможно да извършваме всякакви действия, без да се изморяваме лесно.

Вашето любимо Божество ще ви изведе на прага на реализацията. Когато дойдете в Ашрама, ако пътувате с автобус до кръс-

товището Валикаву, нали можете след това
да извървите пеш останалото разстояние?
Така и Божеството ще ви доведе до пор-
тата на *Акханда Сатчидананда* (неделимото
Съществуване-Съзнание-Блаженство).

Деца мои, преди да можем да тръгнем по
света да учим другите, трябва да съберем
нужните ни за това сили. Тези, които оти-
ват в Хималаите, си вземат вълнени дрехи
да ги пазят от студа. По същия начин,
преди да излезете в света, умът трябва да
е укрепен, за да не се смущава от никакви
беди. Това може да стане само чрез духовна
практика.

Истинският *сатсанг*[8] е съединяване на индивидуалната душа с Висшето Себе (Душа).

Човек, който силно желае фурми, ще рискува да се покатери даже на дърво, гъмжащо от оси, за да стигне плодовете. По същия начин който има *лакшя бодха* (решимост да постигне духовната цел) ще преодолее всички неблагоприятни обстоятелства.

В началото е добре духовният ученик да отиде на поклонение. Едно пътуване с известни несгоди ще му помогне да разбере природата на света. Но тези, които все още не са достатъчно укрепнали чрез духовна практика, ще се сломят от изпитанията и премеждията.

---

[8] Виж речника.

И така, това, което се иска, е непрекъсната духовна практика, без да сменяте местоположението си и без да губите никакво време.

И така, това, което се иска, е непрекъсната духовна практика, без да сменяте местоположението си и без да губите никакво време.

Съвършенството на *асана* (седяща поза) е първото нещо, което духовният ученик трябва да постигне. Това не винаги е лесно. Всеки ден оставайте седнали пет минути по-дълго, отколкото предния ден. По този начин постепенно ще се научите да седите по два или три часа без прекъсване. Ако развиете този вид търпение, всичко ще става лесно.

Докато говорим, седим или се къпем, трябва винаги да си представяме, че нашето любимо Божество е с нас и ни се усмихва. Би трябвало да си представяме, че неговата форма стои на небето и да отправяме молитви към него.

Деца мои, ако пет минути плачете за Бога, това се равнява на един час медитация. Когато плачете, умът лесно се потапя в спомена за Бога. Ако не можете да плачете, молете се по този начин: „О, Боже, защо не мога да плача за Теб?"

Духовният ученик не бива да плаче за преходни неща, а само за Истината. Сълзи трябва да се проливат единствено за Бог. Духовният ученик никога не бива да проявява слабост. Той би трябвало да носи целия свят на раменете си.

Чувствата ни могат да бъдат изразени по три начина: с думи, със сълзи и със смях.

Деца мои, само когато пролетите сълзи от копнежа по Божественото отмият умствените ви нечистотии, ще можете наистина да се усмихвате с открито сърце. Едва тогава ще намерите истинско щастие.

Духовната практика е от съществено значение. Макар че растението се съдържа в семенцето, едва когато семенцето се култивира, натори и се полагат добри грижи за него, едва тогава то ще порасне, ще цъфне и върже. По същия начин, макар че Висшата Истина живее във всички същества, тя ще блесне само след духовна практика.

Ако фиданката се засади, но не се полагат съответните грижи за нея, ще изсъхне. Тя трябва правилно да се отглежда. След като

израсне като здраво растение, дори и да му
се отреже върхът, то ще продължи да расте
и да пуска много нови филизи. Колкото и
да са трудни правилата, в началните етапи
духовният ученик трябва да се придържа
към тях. Само така ще напредне.

***

Добре е духовният ученик поне веднъж
в месеца да посещава бедни квартали,
болници и други подобни. Защото това
ще му помогне да разбере природата на
житейската нищета и ще направи ума му
състрадателен.

***

Когато желаем млякото да се пресече,
трябва да го оставим на спокойствие. Само
тогава можем да направим масло от него.

В началния етап на духовната практика е необходимо усамотяване.

***

Когато се посеят семенцата, трябва да се полагат грижи да не ги изкълват кокошките. По-късно, когато семенцата израснат, няма да има проблем. В началния етап на духовната практика ученикът не бива да е постоянно сред хората. Последователите, отдадени на Бога, които водят семеен живот, трябва да бъдат особено внимателни в това отношение. Не си губете времето в празни приказки със съседите. Винаги, когато имате време, се усамотявайте и си повтаряйте мантрата, медитирайте или пейте религиозни песни.

***

В дълбините на океана няма вълни; вълните се появяват само на повърхността. На дъното всичко е спокойно. Тези, които са постигнали Съвършенство, са спокойни. Точно тези, които имат повърхностни познания, които са прочели само две-три духовни книги, точно те вдигат врява.

Вълните на морето не могат да се унищожат. По същия начин не могат да се премахнат мислите на ума. Когато обаче умът придобие дълбочина и широта, мисловните вълни утихват от само себе си.

Деца мои, и реалното, и нереалното се съдържат в семенцето. Когато то се посее, обвивката му се пука и след това изчезва в почвата. Същината на семенцето е, която пониква и израства. Така и реалното, и нереалното са вътре в нас. Ако живеем, придържайки се към това, което е реално, нищо няма да ни тревожи – ще разширим съзнанието си. Ако се държим за нереалното, няма да можем да израснем.

Когато знаете Истината, целият свят е вашето богатство. Не виждате нищо, което да е отделно от вашата Душа (Себе).

Чрез делата ви може да се определи колко струвате. Може да сте образован и да имате добра работа, но ако крадете, никой няма да ви уважава. Напредъкът ви като духовен ученик, може да се прецени по делата ви.

Не сте ли виждали войници и полицаи да стоят като статуи дори в най-проливен дъжд и под палещо слънце? По същия начин, независимо дали духовният ученик стои прав, седнал или лежи, той би трябвало да бъде съвсем неподвижен. Не бива да има никакви излишни движения на ръцете, краката или тялото. За да постигнете това, си представяйте, че тялото ви е мъртво. В крайна сметка с практиката неподвижността ще ви стане навик.

Човек, който иска да изведе лодка извън прибоя в морето, ще трябва да гребе яко, напълно съсредоточен в това, което прави. Хората, които стоят на брега и го гледат, ще го окуражават с викове и с махане на ръце. Но гребецът няма да им обърне никакво внимание. Единствената му мисъл е да докара лодката до мястото, където няма да я стигат вълните. След като остави вълните зад гърба си, няма от какво да се страхува. После, ако иска, може даже да се отпусне за малко на греблата.

По същия начин и вие сега сте сред вълните. Затова, като държите целта пред себе си, продължавайте с нужната бдителност, без да се разсейвате от странични неща. Само по този начин ще достигнете своята цел.

Всеки духовен ученик би трябвало да бъде много внимателен по отношение на другия пол. По подобен начин вие осъзнавате опасността от вихрушката едва след като ви грабне и ви захвърли на земята.

Деца мои, водата няма цвят, но езерото е с

цвета на небето, което се отразява в него. Това, че човек вижда лошото в другите, се дължи на неговите собствени отрицателни черти. Винаги се старайте да виждате хубавата страна на всекиго.

Духовният ученик не бива да ходи по сватби и погребения. На сватба всички, и млади, и стари, мислят за бракосъчетаване. На погребение всеки скърби за загубата. Мисловните вълни, които са налице и в двата случая, са вредни за духовния ученик. Вибрациите ще влязат в подсъзнателния му ум и ще му причинят безпокойства за неща, които са нереални.

Духовният човек трябва да бъде като вятъра. Без никакво пристрастие вятърът духа

над благоуханните цветя, както и над воня-
щите физиологически екскрети. По същия
начин духовният ученик не би трябвало да
бъде привързан към хората, които му показ-
ват своята обич, нито да изпитва каквато и
да било злоба към онези, които го обиждат.
За духовно търсещият човек всички са
еднакви. Той вижда Бог във всичко.

Не е добре да се спи през деня, защото кога-
то се събудите, ще се чувствате изтощени.
Това е така, защото през деня атмосферата
е пълна с нечисти мисловни вълни, докато
през нощта е много по-малко замърсена.
Сутрин, като ставаме от сън, се чувства-
ме заредени с енергия. Затова духовният
ученик трябва да медитира повече нощем.
Достатъчно е да медитирате пет часа през
нощта вместо десет часа през деня.

Деца мои, каквито скърби да имате, погледнете природата и си представете формата на вашето любимо Божество в дърветата, планините и всичко останало и споделете своите чувства с тях. Или пък може да си представите, че вашето любимо Божество е на небето и вие му говорите. Защо ви трябва да споделяте скърбите си с някой друг?

Ако стоим близо до някой, който говори, това ще създаде определена аура около нас. Ако сме в лоша компания, се образува отрицателна аура, която увеличава нечистите мисли в нас. Ето защо се казва, че е необходим *сатсанг* (общуване със свети хора и духовни беседи).

Когато скулптор погледне парче дърво или камък, той вижда само образът, който може да се извае, докато всеки друг ще види само дървото или камъка. По същия начин духовният ученик би трябвало да съзира вечното във всичко. Би трябвало да различава кое е вечно и кое преходно и да живее с бдителност и внимание. Трябва да се придържаме само към това, което е вечно. Деца мои, само Бог е вечната Истина. Всичко друго е лъжливо и несъществуващо. Светските неща са нетрайни. Това, което е вечно, е Бог.

Деца мои, човек не се изкушава от голотата на детето. Би трябвало да можем да гледаме по този същия начин на всички. Всичко зависи от ума.

Търсещият духовно развитие трябва да бъде много внимателен в началото на своята практика. Най-подходящите часове за медитация са преди обед до 11 ч. и след 17 ч. следобед. Непосредствено след медитацията трябва да лежите в *шавасана* (мъртва поза) поне десет минути преди да станете. Дори да медитирате само един час, би трябвало да останете в мълчание поне половин час след това. Само тези, които следват тези правила, ще извлекат максимална полза от медитацията.

Когато се инжектира лекарство, минава известно време, преди да се разнесе из тялото. По същия начин след занимания с духовна практика известно време трябва да се прекара в мълчание. Ако след двучасова медитация незабавно започнете да говорите за светски неща или да издавате шумни звуци, нищо няма да спечелите от медитацията, дори и с години да сте медитирали.

Ако някой ви губи времето, като говори за безполезни неща, трябва или да си повторите мантрата, или да съзерцавате вашето любимо Божество, или да започнете да мислите за човека, който ви говори като за вашето любимо Божество. Можете също да начертаете триъгълник на земята и да си представите там вашето любимо Божество. После вземете малки камъчета и, представяйки си, че са цветя, ги сложете в краката на вашето Божество. С другите трябва да говорим само за духовни неща.

Тези, които духовността ги привлича, ще слушат; останалите скоро ще ни изоставят. По този начин няма да се налага да си губим времето.

***

Деца мои, дори и само дъхът на духовния ученик е достатъчен да пречисти атмосферата – такава е силата му. Може да мине известно време, но този факт в края на краищата ще бъде открит от науката. Едва тогава хората наистина ще повярват.

***

Човешките същества не са единствените, които могат да говорят. Животните, птиците и растенията също притежават тази способност. Ние просто не ги разбираме. Тези, които са преживели Себереализация, знаят тези неща.

Водата застоява в канавките и малките затворени водоеми. Там се развъждат микроби и насекоми, карайки много хора да страдат от болести. Лекът за това е да се раздвижи водата, като се свърже с река. По същия начин в наши дни хората живеят под знака на „Аз" и „Мое". Техните нечисти мисли причиняват страдания на много хора. Нашата цел е да разширим техния ограничен мироглед и да ги насочим към Висшето Същество. За целта всеки от нас би трябвало да е готов да понесе известни жертви. Но само със силата, придобита от духовната практика, можем да водим хората.

Вътрешното равновесие е *йога* (съюз с

Бога). Веднъж като постигнем това спокойствие и уравновесеност, ще усетим неспирен поток от благословение. След това вече не е необходима духовна практика.

Духовният ученик и семейството му

Деца мои, наш дълг е да се грижим за родителите си, ако няма кой друг да се грижи за тях. Това е наш дълг, дори и да сме избрали да следваме духовния път. Трябва да гледаме на родителите си като на нашето собствено Аз (Душа) и да им служим както подобава.

Ако родителите ви са пречка по пътя на духовното ви развитие, не е нужно да им се подчинявате.

Правилно ли е да поемете по духовен път, дори ако това означава да не се подчините на родителите си? Да речем, че трябва да отидете някъде далече да учите медицина, но родителите ви не го одобряват. Ако не ги послушате, а заминете и станете лекар, ще можете да спасявате живота на хиляди хора, включително и на вашите родители. Неподчинението ви ще е от полза за света. В това няма нищо лошо. Ако бяхте послушали родителите си и не бяхте учили, щяхте само да се грижите за тях, но нямаше да можете да спасите живота им.

Само духовният последовател може да обича безкористно, да служи на света и наистина да спасява другите. Нима Шанкарачаря и Рамана Махарши не дойдоха на помощ на майка си?[9]

---

[9] И двамата велики светци са напуснали дома си в ранна възраст, но накрая са се върнали при родителите си. След дългогодишна раздяла Шанкарачаря отива при майка си, когато тя е на смъртен одър, и я благославя с Божие откровение. А когато Рамана Махарши приключил духовната си практика и имал

Веднъж, след като сме избрали да водим духовен живот, би трябвало да се откажем от привързаността си към семейството и роднините си. Иначе няма да можем да напредваме. Независимо колко силно натискате греблата на лодката, ако тя е закотвена, няма да мръдне напред. След като сме посветили живота си на Бога, би трябвало да имаме силна вяра, че Бог ще се грижи за семействата ни.

Деца мои, кои са истинската ни майка и баща? Тези, чрез които сме се родили ли?

вече постоянно място за живеене, той поканил майка си да се премести при него. Тя живяла със сина си в Тируваннамалаи до смъртта си и с неговата благословия тя се сляла с Бог в момента на смъртта си.

Съвсем не. Те са само наши родители-осиновители. Истинска майка и баща са тези, които могат да вдъхнат живот на умиращото дете, а само Бог може да го направи. Винаги трябва да помним това.

На малкото растение, което вирее в сянката на голямо дърво, ще му бъде добре за известно време. Но когато листата на дървото окапят, всичко ще се промени за малкото растение и то скоро ще увехне под горещото слънце. Това прилича на положението на тези, които живеят в „сянката" на семейството си.

За семейните

В наши дни любовта и предаността ни към Бога са като любовта и предаността ни към нашите съседи. Когато съседите не се държат както на нас ни се иска, водим борба с тях. Отношението ни към Бога е същото. Ако Бог не изпълни дребните ни искания, спираме да се молим и да повтаряме мантрата си.

Помислете си колко много труд хвърляме, за да спечелим дело в съда! И се редим на дълга опашка за билети в киното. Желанието ни да видим филма е толкова голямо, че дори не се дразним, че хората ни блъскат и тикат. С желание понасяме всички тези несгоди в името на някакво повърхностно щастие. Ако бихме правили такива жертви за духовния живот, ние много скоро бихме се наслаждавали на вечно блаженство. Ако бихме правили такива жертви за духовния живот, това би ни било достатъчно, за да достигнем вечното блаженство.

Да речем, че малко дете си пореже ръка-та. Ако, опитвайки се да го успокоим, му кажем: „Ти не си тялото, ума или инте-лекта", то нищо няма да разбере и само ще продължи да плаче. По същия начин няма смисъл да казвате на светски човек: „Ти не си тялото – ти си Брахман. Светът е илюзия." Вероятно по този начин могат да се постигнат известни малки промени, но вместо това на този човек трябва да му се дадат практически съвети, които да прилага в ежедневието си.

Деца мои, мнозина от тези, които внезапно се увличат по духовното, след като са чули духовна беседа, фактически няма да могат да следват с постоянство духовния път. Независимо колко дълго някой притиска една пружина, като я отпусне, тя ще се върне в предишното си състояние.

В наши дни изглежда никой няма време да ходи по храмове или ашрами и да се занимава с духовна практика. Но ако нашето дете е болно, сме готови да чакаме колкото е необходимо в чакалнята на болницата, без да мислим за сън. За да спечелим дори само една педя земя, бихме чакали пред съда дни наред в дъжд и в пек, без дори и да помислим за семейството си. Можем да прекараме часове наред на опашка в магазина, за да си купим една игла за няколко стотинки, но нямаме време да се молим на Бога. Деца

мои, тези които обичат Бога, винаги ще
намерят време за духовна практика.

Кой казва, че няма време да си повтаря
мантрата? Може да мантрувате докато
вървите, казвайки мантрата по един път на
всяка крачка, която правите. Може също да
изпълнявате духовната си практика, докато
пътувате в автобуса, като си представяте,
че формата на вашето любимо Божество
е на небето. Или пък повтаряйте мантрата
си в автобуса със затворени очи. Ако така
казвате мантрата, няма да сте си губили
времето, защото умът няма да се отплесва
по странични неща, които се виждат извън
автобуса. Би трябвало също така да можете
да повтаряте мантрата си, докато вършите
каквато и да било къщна работа. Тези,
които са мотивирани, винаги ще намерят
време за духовна практика.

Ако човек не може да спи, има хапчета за сън. Ако човек иска да забрави страданията си, има лесно достъпни упойващи вещества като алкохол и марихуана. Има също и кино. Заради всички тези неща днес рядко някой търси Бога. Но хората не си дават сметка, че тези отрови ги унищожават. Когато се употребяват такива вещества, се намалява съдържанието на вода в мозъка. Тогава човек се чувства опиянен. При дълготрайната им употреба нервите на тялото започват да се свиват поради обезводняване. След известно време човек започва да трепери и да се чувства отпаднал. Дори не може да върви. Като губи жизнеността си и дарбите си, човек постепенно деградира. Децата на такива родители ще наследят същите заболявания като своите родители.

Деца мои, умът е който трябва да се проветри, а не стаята. След като си пуснат климатика, някои хора дори се самоубиват вътре в тях. Биха ли постъпили така, ако луксозните вещи им даваха истинско щастие? Истинското щастие не може да се намери навън – то е отвътре.

Когато кучето докопа кокал и го дъвче, понякога потича кръв. То си мисли, че тя идва от кокала, и не знае, че ближе собствената си кръв от наранените си венци. Това представлява щастието за този, който го търси във външни неща.

Не бихме направили ограда с клони, начупени от овощно дърво, което дава много плод. За такава цел се ползват предимно дървета, които са от по-малка полза. Ако можехте да разберете стойността на живота, нямаше да го пилеете по чувствени удоволствия.

Няма точно определен момент, кога семейният човек трябва да започне да води духовен живот. Би трябвало да направим това, когато усетим импулса на себеотрицанието. Не бива да се насилваме, то ще дойде от само себе си. Когато кокошката мъти яйцето, тя не го чука, за да счупи черупката, а чака пиленцето да се излюпи, когато е дошло времето му. Ако например съпругът или съпругата ви и децата ви могат да живеят добре без вас и ви е обзел дух на отричане, тогава може да се откажете от всичко и да започнете живот на отричане. Но след това не бива да ви занимават никакви мисли за дома ви.

Едно време хората учели децата си на истината – кое е неизменно и кое преходно. Учели ги, че целта на живота е Богореализацията. На децата се давало познание, което им позволявало да разберат кои са те всъщност. В наши дни родителите стимулират децата си само да печелят пари. Какъв е резултатът? Детето не уважава родителя и родителят не уважава детето. Те враждуват и водят битки помежду си. Може дори да се убият по егоистични причини.

Деца мои, Богореализацията не е възможна без духовна практика; но едва ли някой е готов да полага усилия. Във фабриките работниците от нощната смяна работят без да спят. Те не стават невнимателни поради това, че им се спи, защото в противен случай може да загубят ръката или крака си и тогава ще се изгубят и работата си. Такава бдителност и безпристрастност трябват и в духовната работа.

По здрач малкото дете може да се разтревожи и да си помисли: „Слънцето се изгуби!" На сутринта, когато слънцето изгрее, детето ще се радва на връщането му. То не знае истината за изгряващото и залязващото слънце. Деца мои, по същата причина ние се радваме и тъгуваме за всяка загуба и печалба.

Понякога може да видите човек в малка

лодка да кара гъски по спокойната вода на лагуната. Лодката е толкова малка, че мъжът дори не може да стои удобно в нея. Ако си сложи крака не където трябва, лодката ще потъне. Дори и ако диша невнимателно, лодката ще се преобърне – толкова е малка. Той кара гъските и не им дава да се отделят настрани, като стои в лодката и пляска с греблото във водата. С краката си излива навън влязлата в лодката вода. Той говори и с хората на брега. От време на време запалва цигара. Макар и да прави всички тези неща в тази малка лодка, умът му е винаги в греблото. Ако вниманието му се разсее дори и за миг, лодката ще се преобърне и той ще падне. Деца мои, по такъв начин би трябвало да живеем в този свят. Каквато и работа да вършим, умът ни винаги трябва да е насочен към Бога.

Изпълнителят на народни танци, който играе с делва на главата си, изпълнява много различни номера – танцува и се претъркулва на земята. Но умът му винаги е в делвата. По същия начин с упражняване се научаваме да държим ума си насочен към Бога, докато вършим всякаква друга работа.

Молете се на Бог като плачете в усамотение. Ако имате рана на тялото си, умът ви винаги ще е фокусиран в нея. По същия начин ние страдаме от болестта на трансмиграцията (раждане, смърт и прераждане). Само когато горещо желаем да се излекуваме от тази болест, молитвите ни са искрени. Тогава сърцата ни ще се разтопят от любов към Бога.

Брахма, Вишну и Шива[10] съответно създават, подхранват и унищожават желанията. Човешките същества създават и подхранват своите желания, но не ги унищожават. Деца мои, това, което днес е необходимо, е да се унищожат желанията.

През ръцете на тези, които работят в офис или банка, минават милиони рупии, но те знаят, че парите не са техни. Така че са безразлични към тях. Знаят също, че клиентите не са техни близки роднини и че любезното отношение на тези клиенти не е искрено, а че зад него има егоистични мотиви. Затова им е все едно дали клиентите разговарят с тях, или не. Ние също би трябвало да можем да живеем по този

---

[10] Брахма, Вишну и Шива са трите аспекта на Бог, свързани съответно със създаването, запазването и разрушаването на Вселената.

начин. Ако живеем с разбирането, че нищо в света не е наше, всичките ни тревоги ще свършат.

Деца мои, с осъзнаването на целта идва и концентрацията. Единствено чрез концентрацията ще напреднем.

Семето на мангото е горчиво, но, ако се сготви както трябва, от него могат да се приготвят много различни ястия, но се искат усилия. *Шримад Бхагаватам* (свещена книга за живота, делата и учението на Шри Кришна – б. пр.) е за тези, които искат да се издигнат духовно. Ако се прочете с подобаващо внимание, в тази книга могат да се намерят всичките духовни принципи. Но за тези, които нямат любознателен ум, това е само приказка. По принцип не е добре *Бхагаватам* да се чете на глас, за да се изкарат пари. Но ако главата на семейството не може да свързва двата края, тогава няма нищо лошо да го прави с тази цел.

Ако искате да живеете удобно на място, което е пълно с гниещ боклук, трябва първо да изнесете боклука и да го изгорите. Едва тогава може да заживеете там. Бихте ли могли да правите *джапа* и да медитирате сред бунище? Воняшият боклук няма да ви позволи да останете спокойно на едно място. *Хома* (религиозна церемония, при която се използва жертвен огън) и *ягня* (жертвоприношение) се прави, за да се пречисти атмосферата. Благодарение на това ние имаме чист въздух. Бог не се нуждае от *хома* и *ягня*.

В името на политиката хората не се колебаят да извършват убийства или да харчат крупни суми пари. Милиони рупии се прахосват за шепа камъни от луната. Но хората рядко проявяват интерес към *хома* и *ягня*, които струват много по-малко, а са извънредно полезни за обществото. Приемливо е, ако не се направят тези свещени церемонии, но да се порицават, без да се разбира ползата от тях, е смешно. Това е невежество.

Деца мои, можете да водите светски и духовен живот едновременно. Но независимо какъв живот водите, би трябвало да действате без привързаност и без очаквания.

Страданието идва в резултат от следната мисъл: „Аз правя това и затова трябва да получа награда.“ Освен това никога не бива да мислим, че съпругата, съпругът или детето са наши. Ако имаме нагласата, че всичко принадлежи на Бога, няма да има привързаност. Когато умрем, съпругът, съпругата и децата ни няма да дойдат с нас. Само Бог е вечен.

Каквото и богатство да имаме, ако не се разбере правилно стойността му и начинът, по който би трябвало да се използва, то ще доведе само до страдания. Деца мои, дори и да имате безмерно богатство, удоволствието, което изпитвате от него, е само временно, то не може да ви даде вечно щастие. Нима царе като Камса и Хиранякашипу не са притежавали огромни богатства? Въпреки че притежавал всичко, имал ли е спокойствие Равана? Те всички са се

164

отклонили от пътя на Истината и са живели с високомерие. Те са извършили толкова много забранени неща! До какво е довело това? Изгубили са изцяло спокойствието и мира в душите си.

Амма не казва, че хората трябва да се откажат от богатството си. Ако разбираме как да използваме богатството си правилно, мирът и щастието ще станат наше богатство. Деца мои, за тези, които изцяло са се отдали на Бога, материалното богатство е като сварен ориз, върху който е нападал пясък.

Освобождаване от страданието

Плодът на всяко действие може да се неутрализира чрез друго действие. Ако се хвърли нагоре камък, можем да го хванем, преди да е паднал на земята. По същия начин резултатът от всяко действие може да бъде съответно променен. Не е нужно да страдате и да изпадате в мрачно настроение заради съдбата си. Тя може да се промени, ако Бог реши. Хороскопът на човек може да показва голяма вероятност за брак, но ако този човек се занимава с духовна практика от ранна възраст, тази перспектива може да се промени. Примери за това има и в епосите.

***

Човек, който пътува надолу по реката, не си

прави труда да мисли за изворите на реката. В миналото може да сте допуснали много грешки. Няма смисъл да ги мислите, да се спирате на тях и да се тревожите за такива неща сега. Гледайте усилията ви да са насочени към бъдещето. Това е, което е важно.

Деца мои, никога не си мислете: „Аз съм грешен. За нищо не ставам." Независимо колко може да е загнил коренът на колоказията, ако има дори и едно малко място на него, което да е здраво, то ще покара. По същия начин дори ако има и една малка частица от духовна *самскара* (предразположение) у нас, можем да се издигнем духовно, като се държим за нея.

През цялото време мислим, че тялото

е от изключително и трайно значение. Това ни е донесло много страдания. Нека сега погледнем от другата страна. Себе-то (Душата) е вечно и точно то трябва да се реализира. Ако тази мисъл се установи здраво в ума ни, страданията ще изчезнат и ще остане само блаженството.

Ако носите голям товар, самата мисъл, че наблизо има къде да си почине, ще ви крепи, защото скоро ще можете да се освободите от него. От друга страна, ако мислите че мястото, където можете да си почине, е далече, товарът ще ви се стори по-тежък. Така, когато мислим, че Бог е близо до нас, цялото ни бреме ще намалее.

Веднъж качили се на лодка или автобус, защо да продължавате да носите багажа си? Свалете го долу. По същия начин отдайте всичко на Бог. Той ще ви пази.

169

Където и да отидат хората, намират недостатъци на тези места. Заради това умовете им стават неспокойни. Значи този навик трябва да се промени. Би трябвало да забравим за недостатъците на мястото, където се намираме, и да се опитаме да видим какво полезно има там и да го ценим. Ето това се иска от вас. Винаги и навсякъде да виждате само хубавото във всичко; това ще сложи край на всичките ви страдания.

Да речем, че паднем в дупка. Избождаме ли си очите, защото не са ни водили, както трябва? Също както се примиряваме с дефектите в зрението си, би трябвало да изпитваме съчувствие към другите, като винаги се примиряваме с недостатъците им.

Васани

Вродените наклонности

Дори и само една мравка да има в захарта, трябва да я махнем. Иначе, ако остане, ще дойдат още. По същия начин дори и малък остатък от егоизъм ще проправи път след себе си на другите *васани*.

Да премахнем *васаните* и да унищожим ума (егото), е едно и също нещо. Това именно е Освобождението.

Първата *васана* в индивидуалната душа произлиза от Бога, и от там води началото си кармата. Поради кармата се стига до ново раждане. Колелото на раждане, смърт и прераждане се върти по този начин. Само с премахване на *васаните* може да излезем от него. Духовните практики, като например *сатсанг*, религиозното песнопеене и медитацията, помагат за премахване на *васаните*.

Васаните на човека ще останат, докато той не постигне Освобождение. Само в състояние на Освобождение *васаните* напълно ще бъдат отстранени. Докато се стигне до това състояние, духовният ученик би трябвало да действа с крайна предпазливост, защото до тогава има възможност да падне във всеки един момент. Тези, които карат по натоварени пътища, трябва да бъдат много внимателни. Ако очите им се отклонят дори и за миг, може да стане катастрофа. Когато обаче караме на открито, няма от какво да се страхуваме, защото там са само шофьорът и колата. В началото на духовния живот всичко е опасно; трябва да бъдете пределно бдителни и максимално внимателни. В състояние на Освобождение има само едно чисто и неопетнено Себе (Душа) – няма двойственост и следователно няма опасност.

Васаните на освободената душа не са *васани* в истинския смисъл на думата. Техният гняв например е само външна проява. Те са абсолютно чисти отвътре. Негасената вар може да изглежда като черупка, но ако я докоснеш, ще се разтроши.

Деца мои, само духовен Учител може напълно да отстрани вашите *васани*. Иначе човек трябва да се е родил с много силни духовни нагласи. Чакалът си мисли: „Нико-

173

га повече няма да вия, когато видя куче!", но щом види куче, ще завие както винаги го е правил. Същото е и с *васаните*.

Не е лесно да се преустанови потокът на мисълта, това е напреднал етап на развитие. Но може да унищожите нечистите мисли, като увеличите чистите мисли.

Отрицателните *васани* никъде не отиват. Но е възможно да ги замените с добри мисли, така, както когато имаме солена вода в някой съд и продължаваме да добавяме чиста вода в него — солената вода постепенно ще изгуби своята соленост.

Сиддхи

Психични сили

Деца мои, изкарването на показ на *сиддхите* отвъд определен предел е в несъгласие с природата. Когато се показват *сиддхи*, хората се чувстват привлечени от тях. Себереализираните души избягват, доколкото могат, да излагат на показ психичните си сили. И дори и да ги показват, те не губят нищо от това. Ако силата, която отива за осъществяването на дадено психическо явление, се използва, за да направи човека *санняси*, това е от полза за целия свят. Ако търсещият духовно развитие се увлече по *сиддхите*, той ще се отклони от целта.

❁

Себереализираните души не вадят на показ своите сили. Ако изобщо ги показват, то това става в много редки случаи. В зависимост от конкретните обстоятелства силите им може да се породят спонтанно, но те не са за забавление на околните. Не се стремете да развиете *сиддхи*. Те са с временен характер. Божественото въплъщение идва на земята, за да премахне желанията, не да ги създава.

Самадхи

Деца мои, *сахаджа самадхи* (естествено пре-
биваване в Себе-то) е Съвършенството.
Душата, която постигне това състояние,
вижда Божествения принцип във всичко.
Такава душа възприема навсякъде само
чисто съзнание, без никакви следи от
майа (илюзия). Също както скулпторът
гледа камъка и вижда само образа, който
може да бъде изваян от него, *махатмата*
вижда всепроникващата Божественост във
всичко.

Представете си, че във всеки от нас има
една гумена топка и обръч. Топката, която
е ума, винаги подскача нагоре-надолу, а
обръчът е целта ни. Понякога топката се
заклещва в обръча и спира да се движи.
Това може да се нарече *самадхи*. Но топ-

ката не остава там постоянно; тя отново ще започне да се движи нагоре-надолу. В крайна сметка ще се достигне състояние, при което топката остава за постоянно в обръча и няма никакво следващо движение. Това състояние се нарича *сахаджа самадхи*.

С медитации върху форма може да се постигне *савикалпа самадхи* (възприемане на Абсолютната Реалност като същевремен-но се запази чувството за двойственост). Когато човек види формата на почитаното от него Божество, чувството за „Аз" е все още там и по този начин има двойственост. При медитацията без форма, понеже няма и следа от усещането за „Аз", отношението на двойственост е напълно унищожено. По такъв начин се постига *нирвикалпа самадхи*.

В състояние на *нирвикалпа самадхи* няма кой
да казва „Аз съм Брахман". Човек се е слял
с Това. Когато обикновен човек постигне
нирвикалпа самадхи, той не може да се върне
обратно. По времето, когато се разтваря в
самадхи, тъй като душата не е взела реше-
ние да се върне, човек веднага ще напусне
тялото си. Когато се отвори шише с гази-
рана вода, газът излиза с гръмко „пук",
сливайки се с въздуха навън. По този
начин душата се слива с *Брахман* завинаги.
Само Божествените въплъщения могат да
поддържат телата си след навлизане в *нир-
викалпа самадхи*. Бидейки наясно с целта на
своето въплъщение и поддържайки своето
решение, те слизат отново и отново в света.

Деца мои, за Божественото въплъщение няма разлика между *нирвикалпа самадхи* и други състояния над и под него. Божествените въплъщения имат само няколко ограничения, които те самите са поели, за да постигнат целта, за която са се въплътили.

Дори и след преживяване на *нирвикалпа самадхи* не всички ще бъдат равни. Има разлика между духовния ученик, който е преживял състояние на *самадхи*, и Божествено въплъщение. Разликата може да се оприличи на разликата между човек, който току-що е бил в Бомбай и се е върнал, и някой, който постоянно живее там. Ако ги попитат дали някога са били в Бомбай, и двамата ще отговорят с „да", но този, който живее в Бомбай, ще има задълбочени познания за града.

Знаете ли какво точно е състоянието *самадхи*? само блаженство. Никакво щастие, никакво страдание. Няма нито „аз", нито „ти". Това състояние може да се сравни с дълбок сън, но има разлика: при *самадхи* има ясно съзнание, докато в съня такова липсва. На сън няма нито „аз", нито „ти", нито „ние"; едва когато се събудим, се появяват „аз", „ти" и светът. И в невежеството си ние ги приемаме за реалност.

Не е възможно да се опише състоянието, при което човек се слива с *Брахман*. Това е чисто субективно преживяване. Дори и светско преживяване трудно може да се опише с думи. Да речем, че имате главоболие. Ще можете ли да обясните точно колко ви боли? Ако това не е възможно, как би могло да се изкаже с думи преживяването на *Брахман*? Това не може да се направи.

Творението

Деца мои, поради Първичния импулс, възниква вибрация в *Брахман*. От тази вибрация идват трите *гуни*[11]: *саттва* (доброта, чистота, спокойствие), *раджас* (действеност, страст) и *тамас* (тъмнина, инерция, невежество). Трите *гуни* са представени от Троицата на *Брахма*, *Вишну* и *Шива*. Те всички са вътре в самите нас. Всичко, което виждаме да съществува в света, в действителност съществува вътре в нас.

В относителен план Себе-то е двете: индивидуалната душа и Върховната Душа (Върховното Себе – б. пр.). Индивидуалната душа се наслаждава на плодовете на своята *карма* (действия). Върховното Себе е

---

[11] Виж речника.

Наблюдателят; Съзнание, което присъства само като свидетел. То нищо не прави. То е неактивно.

***

Има Бог само докато съществува *майа* (илюзията). Когато с постоянна духовна практика се издигнем (трансцедентираме – б. пр.) над *майа*, достигаме състоянието на *Брахман*. В това състояние няма и следа от *майа*.

***

Деца мои, *митхя* (фалшив, илюзорен – б. пр.) не означава не-съществуващ; означава вечнопроменящ се. Например първо има житно зърно, след това пшенично брашно и накрая хляб. Формата се е променила, но субстанцията не е изчезнала.

Дори и морският бряг да е мръсен, нали ние пак се радваме на красотата на морето? Умът ни не се спира на боклука. По същия начин, когато умът ни е фиксиран в Бог, той не е в плен на *майа*.

Може да сметнете, че иглата е незначителна, защото е евтина. Обаче стойността на нещо не се определя по разходите за него, а по ползата от него. За Амма иглата не е маловажна. Какъвто и да е предметът, трябва да се гледа полезността, а не цената му. Ако по този начин гледаме на нещата, тогава нищо няма да е незначително.

Има една група хора, които твърдят, че

сътворението никога не се е случвало. В съня си нищо не знаем. По това време няма нито днес, нито утре, няма никой – нито „аз", нито „ти", нито съпруг, съпруга, дете или тяло. Това е пример, който показва, че въпреки всичко, *Брахман* съществува единствено като *Брахман*. Схващането за „аз" и „мой" е причината за всички беди. Човек може да запита: „Няма ли личност, която се радва на съня и която, след като се събуди, казва: ‚Аз спах добре.'?" Казваме, че сме спали добре, само заради изпитаното удоволствие и благотворен ефект върху тялото в резултат на съня.

Рационализъм

Деца мои, има ли логика заради споровете, водени от религиозни фанатици, да се казва, че храмовете и местата за богослужение са излишни. Дали същите хора, които поддържат подобни твърдения, биха искали, този път заради грешките на няколко лекари, да се откажем от лекарите и болниците изцяло? Разбира се, че не. Религиозните конфликти, а не храмовете на Бога трябва да се премахнат.

Едно време тези, които са били рационалисти, все още са обичали хората. Но какви са днешните рационалисти? Просто се правят на такива, напомпват егото си и само създават тревоги на околните. Истински рационалист е този, който се е посветил на принципите на истината; някой, който силно обича другите, дори и с цената на своя собствен живот. Бог ще се преклони пред такъв човек. Но колцина са такива днес?

Когато у вярващия се развият себеотдаване и благоговеене, у същия човек се развиват и качества като любов, състрадание, стремеж към истината, благочестивост и справедливост. Тези, които се обръщат към него, ще получат мир и утеха. Това е ползата, която светът извлича от истински вярващия в Бог. Но днешните рационалисти се хващат за две-три думи от някоя книга, без да са изучили както трябва свещените текстове или нещо друго, и просто вдигат голяма врява. Ето защо Амма казва, че днешният рационализъм само проправя пътя към падението.

Природата

Действията на човечеството са предпоставка за благосклонността на Природата.

***

Деца мои, Природата е книга, която трябва да се изучава. Всеки предмет в природата е страница от тази книга.

***

Духовните ученици използват енергията от Природата за своите медитации, за храна и за много други цели. Най-малко десет процента от енергията и ресурсите, които вземаме от Природата, трябва да се използват, за да се помага на другите. Иначе животът губи смисъл.

Деца, помнете също

Не бива да се гневим на човек, който не е праведен. Ако се появи гняв, то той трябва да е насочен към действията на този човек, а не към него самия.

❦

Деца мои, яжте, за да живеете; спете, за да се събудите.

❦

Деца мои, целта на живота е Себереализацията. Стремете се към това. Само след като сме измили мръсотиите и сме почистили раната, ще приложим лекарството. Иначе раната ще се инфектира и няма да зарасне. По същия начин егото трябва да се отмие чрез всеотдайна преданост и любов, преди да се приложи знанието. Само тогава ще разширим съзнанието си.

Ние сме произлезли от Бога. Ние имаме идеята за това, но тази идея трябва да се осъзнае, за да се превърне в цялостно и пълноценно осъзнаване.

От мръсния компост изникват растения, които имат красиви и ароматни цветове. По същия начин силата, придобита от изпитанията и премеждията в живота, прераства във величие.

Навсякъде около нас има безброй хора, които водят борба за оцеляване: без покрив, без дрехи, храна или здравни грижи. С парите, които човек харчи за цигари за една година, може да се построи скромна къщичка за бездомник. Когато развием състрадание към бедните, ще се стопи егоизмът ни. Ние не се отказваме от нищо в този случай, напротив, ще изпитваме удовлетворение от щастието на другите. Когато се освободим от егоизма си, ще станем достойни за Божието благоволение.

***

Деца мои, само тези, които са учили, могат да учат другите. Само тези, които имат, могат да дават. И само тези, които са се освободили напълно от страданията, могат напълно да освобождават другите.

***

Всяко място си има свой сърдечен център.

Точно там се съсредоточава цялата енергия. По същия начин Индия е сърцето на света. *Санатана Дхарма* (вечната религия), която е произлязла от Индия, е началото на всички други пътища. Когато се чуе самата дума *Бхаратам* (Индия, старото име на Индия – б. пр.), чувстваме импулса на мира, красотата и светлината. Причината е, че Индия е земята на *махатмите*. Точно *махатмите* предават силата на живота не само на Индия, но и на целия свят.

Бого-съзнанието се просмуква в прохладата на ветреца, необятността на небето, в красотата на пълнолунието, във всички същества и във всички неща. Целта на човешкия живот е да се осъзнае именно това. В тази ера на *Кали Юга* група млади хора, жертвайки всичко, ще тръгнат да разпространяват духовното величие навсякъде.

Деца мои, погледнете нагоре към небето. Бъдете като небето – необятни, изпълнени с мир и спокойствие и всеобхватни.

Речник

Аватар: „Слязъл". Въплъщение на Божественото. Целта на Бого-въплъщението е да защити доброто, да унищожи злото, да възстанови праведността в света и да поведе човечеството към духовната цел за Себереализация. Много рядко се случва да имаме едно пълно въплъщение (*пурнаватар*).

Брахма сутра: афоризми от мъдреца Бадараяна (Веда Вяса), които излагат философията на Веданта.

Брахмачаря: „Пребиваване в *Брахман*". Безбрачие (въздържание от полов живот) и дисциплина на ума и сетивата.

Бхаджан: Религиозна песен.

Бхакти: Всеотдайна преданост и любов към Бога.

Бхакти йога: „Единение чрез *Бхакти*".

Пътят на всеотдайната преданост и любов. Път за постигане на Себереализация чрез Любовта и пълното отдаване на Бог.

Васана: Vas = живеещ, оставащ. *Васаните* са латентните наклонности или едва доловимите желания в ума, които имат тенденцията да се проявяват в действията и навиците. *Васаните* са сборния резултат от отпечатъците от преживяванията (*самскари*), които съществуват в подсъзнанието.

Гняна йога: „Единение чрез *Гняна*." Пътят на Знанието. Познание за Себето (Душата – б. пр.) и истинската природа на света. Предполага задълбочено, искрено изучаване на свещените текстове, безпристрастност (*вайрагя*), различаване (*вивека*), медитация и всички интелектуални методи за себепроучване „Кой/Какво съм аз?" и „Аз съм *Брахман*", които се използват, за да се разбие илюзията на *майа* и да се постигне Богореализация.

Гуна: Първичната Природа (*пракрити*) се състои от три *гуни*, т.е. основни качества или тенденции, които определят всички проявления: *саттва*, *раджас* и *тамас*. Тези три *гуни* постоянно си взаимодействат една с друга. Светът на явленията се състои от различни комбинации на трите *гуни*.

Гуру: „Този, който премахва тъмнината на невежеството." Духовен Учител/Водач.

Джапа: Повтаряне на мантра.

Дикша: Посвещение.

Дхарма: „Това, което крепи Вселената". *Дхарма* има много значения, включително Божествения закон, законът за битието в съответствие с Божествената хармония, праведност, религия, задължение, оттоворност, добродетел, справедливост, доброта и истина. *Дхарма* означава вътрешните принципи на религията. Върховната *Дхарма* на човешките същества е да реализират своята собствена вродена Божественост.

Йога: „Да съединя, свържа." Набор от методи, чрез които човек може да постигне единение с Божественото. Път, който води до Себереализация.

Йоги: Този, който практикува *йога*, или е влязъл в единение с Висшия дух.

Карма йога: „Единение чрез действие." Духовният път на безпристрастно, безкористно служене и на посвещаване на Бога на плодовете от действията.

Кришна: „Този, който ни привлича към себе си", „Тъмният". Основното въплъщение на Вишну, Бог в Неговия аспект на Поддръжник на Творението. Роден в царско семейство, но израснал при осиновители и като млад бил пастир на

крави във Вриндаван, където бил обичан
и почитан от изцяло посветените на
Него *гопи* (краварки и доячки) и *гопа* (кра-
вари). По-късно Кришна става владетел
на Дварака. Бил приятел и съветник на
братовчедите си, Пандавите, особено на
Арджуна, на който открил учението си
в *Бхагавад Гита*.

Мала: Броеница, обикновено направена от
рудракша семена, от туласи дърво или
от сандалово дърво.

Мантра: Свещена формула или молитва. С
непрекъснато повтаряне тя събужда спя-
щите духовни сили в духовния ученик и
му помага да постигне целта. Мантрата
е най-ефективна, ако е получена от
истински духовен Учител.

Махатма: „Велика душа." Когато Амма
използва думата „*махатма*" тя има пред-
вид Себереализирало се същество.

Нарасимха: Божественият полу-човек полу-лъв. Частично въплъщение на Вишну.

Оджас: Сексуална енергия, видоизменена във фина жизнена енергия посредством духовна практика на човек, живеещ в безбрачие.

Пранаяма: Контролиране на ума посредством контрола върху дишането.

Риши: Риши = да знам. Себереализиран пророк. Обикновено се отнася до седемте *риши* на древна Индия, т.е. Себереализирани души, които са могли да „видят" Върховната истина и са дали израз на това прозрение във Ведите.

Самадхи: Сам = със; *адхи* = Бог. Единение с Бога. Състояние на дълбока еднопосочна съсредоточеност, при която всички мисли утихват, умът навлиза в състояние на пълен покой, където остава единствено Чистото съзнание, тъй като човек пребивава в *Атман* (Себето).

Самскара: *Самскара* има две значения: всички впечатления, отпечатани в ума от преживяванията (от този и минали животи), които оказват влияние на живота на човека — неговата природа, действия, състояние на ума и т.н. Подтик към правилното разбиране (познание) във всеки човек, което води до усъвършенстване на характера му.

Санняси, саннясини: Монах или монахиня, които са дали тържествен обет за отреченост. Всеки *санняси* традиционно носи оранжева роба, символизираща изгарянето на всички привързаности в живота.

Сатгуру: Себереализиран духовен Учител.

Сатсанг: *Сат* = истина, съществуване; *санга* = връзка с. Да бъдеш в компанията на свети, мъдри и добродетелни същества. Също така означава и духовна беседа от мъдрец или учен.

Тамас: Тъмнина, инерция, апатия, невежество. *Тамас* е една от трите *гуни* или фундаментални качества на Природата.

Тапас: „Горещина". Самодисциплина, аскетизъм, покаяние и саможертва; духовни практики, които изгарят нечистотиите на ума.

Шримад Бхагаватам: Един от осемнадесетте свещени текстове, известни като *Пурани*, в което се описват въплъщенията на Бог Вишну – най-вече и с много подробности; животът на Шри Кришна, включително детството му. Набляга се сериозно върху пътя на любовта и предаността.